AF333508

L'ENGRENAGE TERRORISTE

Alain Geismar

L'ENGRENAGE TERRORISTE

FAYARD

Introduction

A l'extrême gauche comme à l'extrême droite, ceux qui ont choisi la lutte armée comme système d'action politique justifient ce choix par un raisonnement d'une grande simplicité :

1) le régime politique en place est insupportable : impérialiste, bourgeois, antidémocratique, autoritaire (à l'extrême droite, on dit : complice du communisme international, responsable de la décadence culturelle, etc.) ;

2) les voies ordinaires de la politique s'avérant inopérantes, seules les armes peuvent permettre de sortir de l'impasse.

Alors, à la lumière des coups de feu et sous le tonnerre des explosifs, ce qui est aujourd'hui obscurci, masqué par le parlementarisme et la technocratie, deviendra limpide : un espace de clarté s'ouvrira pour de nouvelles formes politiques, pures d'avoir été forgées au feu de la guerre.

Or, si l'on examine ce qu'ont produit,

depuis une dizaine d'années en Europe, depuis plus longtemps en Amérique latine, les pratiques inspirées de ce raisonnement, on constate surtout — en fait de nouvelles formes politiques — une régression de la démocratie. Toute une partie de l'espace social, politique, culturel, est devenu le champ clos où s'affrontent terrorisme et contre-terrorisme. Les citoyens, bien loin d'accéder enfin aux problèmes de la cité, s'en sont massivement trouvés, plus que jamais, dépossédés. Quant aux militants eux-mêmes, ils sont le plus souvent devenus de simples pions sur un échiquier national ou international, prisonniers d'une logique implacable, privés de toute maîtrise de leur propre destin, individuel et collectif.

Dix-sept ans après la création des Tupamaros en Uruguay, un espoir de retour à la démocratie s'esquisse enfin dans ce pays qu'on appelait jadis « la Suisse de l'Amérique latine » : le régime militaire vient d'essuyer un échec, la population ayant refusé la Constitution qu'il lui proposait par voie de référendum. Mais, pour marquer ce point contre un pouvoir totalitaire, il a fallu que ce qui reste des Tupamaros se regroupe en un seul front avec les mêmes politiciens contre lesquels ils avaient naguère cru devoir déclencher la lutte armée. Et l'on est encore loin, très loin de cette démocratie bourgeoise qu'on vomissait en 1960 et pour laquelle on lutte aujourd'hui.

Pourquoi alors certains ont-ils, ailleurs, persévéré dans cette voie, qui produisait tout le contraire des objectifs recherchés ? Sans doute par une cécité assez semblable à l'obstination hypocrite des partis politiciens qu'ils dénonçaient, et qui n'ont pour principale raison d'être que leur propre survie. Cependant, l'immoralité de ce désaccord radical et permanent entre le projet et la réalisation est ici bien plus grave, par les conséquences irréversibles qu'entraîne le recours aux armes. La mort comme pratique politique, pour ceux qu'elle menace comme pour ceux qui l'administrent, marque au plus profond les mentalités, rigidifie les êtres dans leur sensibilité et leur pensée. La démarche terroriste conjugue ainsi les horreurs de la pratique guerrière avec une conception de la politique guère différente, au fond, de celle qu'elle croit récuser mais dont elle n'est que la caricature inhumaine.

C'est pourquoi il ne suffit pas de renvoyer, à ceux qui ont choisi la voie des armes et cru par là mettre en accord leurs actes et leur pensée, les résultats malheureux de telles tentatives. Certes, partis du refus de l'injustice et de l'aspiration à une véritable démocratie, ils en viennent à frayer la route au fascisme ou du moins à des régimes militaires. Mais ce reproche peut aussi bien être adressé à des démarches purement politiques : que l'on songe à

l'*Unitad popular* chilienne ou, il y a plus longtemps, au Front populaire espagnol, à la
République de Weimar... Aussi ne s'agit-il
pas ici de proposer, comme une panacée, le
retour au combat politique classique, à
l'impuissance qui caractérise la gauche traditionnelle — quand elle n'engendre pas des
goulags. La maladie de la pensée de gauche
ne se guérit pas par le passage au terrorisme,
mais c'est bien de la guérir qu'il est question.

Aujourd'hui apparaît, en Allemagne ou
en Italie, une dissidence au sein des mouvements terroristes : des militants chez qui ce
choix de mort n'avait pas éteint encore toute
lucidité, ni tout sens moral, répudient leur
pratique et leur pensée d'hier. Mais ils n'en
restent pas moins fidèles à leur inspiration
fondamentale, ennemis des injustices et de
l'égoïsme qui règnent dans nos sociétés.

Il n'est que temps de sortir des routines
intellectuelles et des pratiques casanières, si
l'on veut éviter que le terrorisme, la dictature,
ou une intime combinaison de l'un et de
l'autre, ne ravagent les libertés. Pour frayer
des voies autres de pensée et d'action, il faut
d'abord en appeler, d'urgence, à l'amnistie
des Etats et à la solidarité des individus : ces
dissidents qui veulent oublier le monde du
cauchemar ne doivent pas se trouver par là
réduits à l'isolement et à la peur. Il faut aussi,
plus profondément — et peut-être est-ce la

vraie tâche des intellectuels — , faire pièce aux spécialistes du désespoir, de la résignation, du chacun pour soi et de tous les cynismes. C'est une démission analogue qui conduit, en France, à n'opposer à la misère de la politique que la fausse farce d'un Coluche et, en Italie, à abandonner à leur sort tragique les victimes du séisme de la région napolitaine. Comme si nos pays développés étaient devenus incapables de tout sursaut de solidarité, d'esprit démocratique, de responsabilité.

Cette recherche d'une nouvelle morale de la liberté n'est pas une simple vue de l'esprit, une idée abstraite et désincarnée : les succès obtenus par ceux qui, dans les sociétés totalitaires de l'Est, ont su faire naître le mouvement dissident ou le syndicat libre Solidarité, montrent qu'on peut encore affirmer aujourd'hui, au sens de Mai 68 : « Tout est possible. » Peut-être leurs efforts et leurs sacrifices seront-ils bloqués ou détournés : mais qui donc, et au nom de quelle démarche totalement aboutie, pourrait le leur reprocher ?

Il est remarquable que leurs réponses échappent, de même que la révolution des œillets au Portugal en 1974 ou que le soulèvement contre le régime sanguinaire du Shah d'Iran en 1978, aux schémas inaugurés par la Révolution française voici deux siècles, et développés par le marxisme et le léninisme. Car il faut bien convenir, si cruel cela soit-il pour nombre d'intellectuels, que ce sont des formes modernes de spiritualité qui, en Iran ou en Pologne, ont soulevé des peuples contre la tyrannie ; ou encore, que la hiérarchie d'une armée coloniale, celle du Portugal, s'est démontrée porteuse d'autre chose que du fascisme.

Il est certain que l'intégrisme islamique ou la religiosité polonaise, au lourd passé de terreur et de pogroms, n'en sont pas exonérés du seul fait d'avoir permis de renverser un régime abject. Et les crimes du colonialisme, portugais ou aussi bien français, restent des crimes. Mais ceux qui aujourd'hui encore proclament que, malgré le goulag, le marxisme peut être purifié et reste porteur de l'Espoir, ceux-là n'ont pas qualité pour dénoncer la quête d'une nouvelle morale.

Le principal danger n'est jamais le fait de ceux qui cherchent, mais de ceux qui acceptent. Et il faut reconnaître, dans ce gigantesque retour en amont de la pensée des Lumières et de la Révolution française, dans cette dérision de l'histoire, un détour sans doute inévitable pour que puisse être fondée une nouvelle liberté. Penser librement, aujourd'hui, exige de rompre, du moins pour un temps, avec les routines héritées des deux derniers siècles de l'histoire occidentale.

*France, mère des arts,
des armes et des lois...*

Les Français ont le sentiment d'avoir été jusqu'ici, pour l'essentiel, épargnés par le terrorisme. Or, la réalité est assez différente, et cette vision optimiste repose sur un tri préalable : ainsi mettra-t-on bien vite à part la Bretagne et surtout la Corse, où le plastic peut s'exprimer sans être pris au tragique, ni même au sérieux, par la bonne conscience jacobine ; ainsi les attentats au Pays basque seront-ils considérés comme relevant uniquement de la politique intérieure espagnole ; ainsi les agressions, parfois meurtrières, contre des diplomates latino-américains ou des résidents palestiniens seront-elles imputées à une guerre entre services secrets étrangers, dont seul le hasard fait qu'elle se déroule en territoire français.

Et lorsque, un vendredi à sept heures du soir, une bombe explose devant la synagogue de la rue Copernic, faisant plusieurs morts et des dizaines de blessés, la surprise est immense. Le chef du gouvernement ne sait plus à quel lapsus se vouer [1]... et, très vite, on rassure l'opinion publique en donnant pour à peu près certain que le coup vient de l'étranger.

Voici pourtant ce que révèle une recension objective [2] : même en excluant, de manière somme toute arbitraire, les attentats régionalistes ou visant des représentants de pays ou de mouvements étrangers, on compte en France, depuis 1973, plusieurs centaines d'attentats, ayant pour cibles des foyers de travailleurs immigrés, des permanences politiques ou syndicales, des librairies, des journaux comme *le Monde* ou *le Matin,* des bâtiments des P & T, d'EDF-GDF ou de la télévision, des associations issues de la Résistance, des cimetières juifs, des synagogues. Le plus souvent, il n'y a que des dégâts matériels, mais pas toujours : ces attentats font aussi des morts et des blessés graves (ainsi une jeune femme grièvement brûlée en 1976 dans une librairie prochinoise à Paris). Rien de cela ne semble s'inscrire dans les mémoires...

Cette faculté d'oubli est particulièrement large quand il s'agit d'attentats racistes, tels

1. M. Raymond Barre, par un mot bien malheureux, désigna comme des « Français innocents » les passants atteints par l'explosion de la bombe, par opposition aux fidèles du vendredi soir réunis dans la synagogue.
2. On trouvera en fin de chapitre une liste relative à l'année 1977.

ceux de Marseille [1]. Et qui donc, en effet, s'identifierait aux immigrés qui en sont victimes ? N'est-il pas « normal » qu'en sus des tracasseries quotidiennes du racisme ordinaire, ils soient aussi la cible de racistes extraordinaires ? Pourquoi la France profonde s'en inquiéterait-elle ? D'ailleurs, même si un brigadier de police [2] est mêlé aux agressions, il a le bon goût de décéder en prison : le dossier des réseaux racistes, un instant entrebâillé, peut être refermé. La France officielle est en totale harmonie, sur ce plan, avec la France des profondeurs : les représentants du peuple français ne semblent pas mieux connaître le nombre des victimes du racisme qu'un candidat à la présidence de la République le prix du ticket de métro [3]. De gauche ou de droite, les hommes politiques se voilent la face. Racistes, les Français ? Certainement pas. Et si, à tel ou tel moment, le racisme force les barrages de l'information et défraye la chronique, on se précipite vers les explications « théoriques » : la crise, le chômage, la concentration excessive d'immigrés — au nom de laquelle le maire communiste de Vitry, à la

1. Qui, en 1973-74, donnèrent lieu à la première grève générale des travailleurs arabes en France.
2. Inculpé quelques mois plus tard pour sa participation aux attentats.
3. M. Giscard d'Estaing interviewé par Françoise Giroud à la veille des élections présidentielles de 1974.

tête d'un commando, fait donner un bulldo-
zer contre un foyer de travailleurs maliens.

L'existence de groupes fascistes constitués,
ayant pignon sur rue, publiant des journaux,
tenant des réunions en uniforme, recrutant
parmi les assassins racistes du samedi soir et
les adeptes de l'auto-défense, tout cela est
considéré comme secondaire, sans intérêt. Le
gouvernement ne veut pas savoir que certains
de ses flics vont passer leurs vacances au
Liban, pour s'entraîner dans les rangs de mili-
ces phalangistes ; quant à la gauche, elle
estime le plus souvent qu'il serait dangereux
de révéler la vérité : cela « leur » ferait de la
propagande...

Pour le gouvernement comme pour le PCF,
il est utile, certes, d'attiser dans la population,
le sentiment d' « insécurité », dans l'espoir de
bénéfices électoraux : la peur fait voter pour
les partis d'ordre. Cependant, il faut aussi
démontrer sa capacité à surmonter les périls,
faire valoir qu'on a su épargner au pays cette
maladie — le terrorisme — dont nos voisins
souffrent de façon endémique. Le gouvernement français se posera même volontiers en
grand frère protecteur et accordera sans difficulté à ceux-ci des extraditions qui, vis-à-vis
de notre tradition d'asile politique, apparaissent plutôt scabreuses.

Il existe d'ailleurs une merveilleuse
méthode pour n'avoir jamais d'affaires « poli-

tiques », qui seraient embarrassantes pour un pays réputé la patrie des droits de l'homme : il suffit de tout banaliser en délit de droit commun, quitte à faire fonctionner, malgré cela, des juridictions d'exception. Jusqu'ici ce système marche bien, tout le monde joue le jeu. Quand l'auteur présumé d'un attentat basque ou breton comparaîtra devant la Cour de Sûreté de l'Etat, on ne discutera pas des origines de la violence ou de sa légitimité. Tout le monde s'accordera pour oublier l'épisode initial, au profit d'un débat sur l'usage et le statut des langues régionales. Il semblera entendu que l'opération incriminée n'était en rien un acte de guerre, mais bien de simple propagande. Seul le procureur général pourra, à la fin, parler de choses sérieuses : le débat culturel se conclut par des années de prison.

En France, donc, le terrorisme est étranger à la vie des gens, rejeté des mémoires aussi vite qu'il y entre. Il n'en existe pas moins. Simplement, il se voit relégué dans un domaine à part, où tous les coups sont permis, un champ où s'affrontent les groupes violents et les services de police, le simple citoyen se tenant à l'écart. Ainsi, les conditions de détention et de jugement des militants (ou présumés tels) de groupes terroristes (ou supposés tels) ne suscitent pas la moindre émotion, ne sont pas même connues ; jusqu'à leurs grèves de la

faim qui se déroulent dans une totale indifférence, tant qu'elles ne s'achèvent pas tragi-
quement.

Il faut ici faire observer que le terrorisme
n'est pas, il s'en faut, la seule question où de
nombreux Français fassent preuve d'une men-
talité étriquée, d'un recroquevillement sur
eux-mêmes, d'une crispation sur leur appartenance à une microcollectivité — corporative,
ethnique, régionale, religieuse, voire sexuelle
—, et oscillant entre la célébration de leurs
états d'âme (qu'on songe au « nouveau
romantisme ») et les violents soubresauts des
groupes d'autodéfense.

Le gaullisme des années cinquante,
s'appuyant sur une critique de la politique
politicienne de la IVᵉ République, avait mis
en place tout un appareil technocratique,
piloté par un président de la République qui
tirait de l'élection au suffrage universel sa
légitimité. Dix ans plus tard, le mouvement
de Mai 68 fut une critique vivante de la politique politicienne, y compris celle des gaullistes. L'expression directe, l'action directe,
l'échange direct entre les divers mouvements
populaires remplacèrent les disputes bavar-
des entre IVᵉ et Vᵉ République. Dix ans plus
tard encore, la politique politicienne a pris sa
revanche et recouvert ces aspirations. Médio-
crité et corruption, tels sont les véritables
attributs du pouvoir qu'abritent aujourd'hui

les grandioses institutions mises en place par De Gaulle.

Parallèlement, les méandres de l'union puis de la désunion de la gauche ont assujetti les mouvements sociaux et culturels au rythme des appareils des partis, aux catégories des politologues de gauche. Effrayés par la contestation qui avait fait irruption en 68, les caciques syndicalistes ont travaillé à dénaturer tous les mouvements, en les pliant aux échéances électorales. Leur défaite aux élections de 1978 a laissé tout le monde sans projet : la politique a remporté une victoire sur le mouvement, il n'y a plus de mouvement. Mais il n'y a pas non plus de perspectives ni d'espoir, pas même de stratégie valable pour les politiciens.

Cette désagrégation, cette dégradation ont atteint un point tel que l'indignation même se fait rare. Tel projet de loi qui, au siècle dernier, aurait provoqué la levée en masse des républicains, peut aboutir sans coup férir. Et un garde des Sceaux que Mai 68 avait délogé du ministère de l'Education nationale peut tranquillement s'attaquer à cette institution internationalement respectée qu'est *le Monde* : un journal porteur d'une *morale* politique, vieillote peut-être mais qu'aucune autre n'a jusqu'ici remplacée.

C'est sur cet arrière-fond lamentable, où tombent en putréfaction les enjeux majeurs des vingt dernières années, que certains qui en Mai 68 et dans les années suivantes avaient partagé les espérances du mouvement en arrivent à rechercher une revanche politicienne sur la politique politicienne, et soutiennent à grand fracas le misérabilisme poujadiste d'un Coluche. Les manifestants de Mai 68 passaient avec mépris devant un Palais-Bourbon dont ils avaient reconnu le vide. Aujourd'hui, tournant le dos à la rue désertée, on accorde aux estrades de campagne présidentielle et aux messages télévisés en tranches, assez de force pour subvertir un théâtre d'ombres, moyennant quelques trucs de chansonnier et quelques gestes obscènes où l'on reconnaîtra, avec délectation, le comble de l'authenticité populaire.

La candidature Coluche, certes, n'est jamais qu'un symptôme de cette disparition accélérée de toute aspiration à « changer la vie », à changer le monde. Mais cette cohorte hétéroclite de gens, parmi lesquels des intellectuels en vue, qui espèrent prendre ainsi leur revanche sur les combats perdus de ces dernières années, a de quoi inquiéter. Dresser une liste de minorités défavorisées ou opprimées, proclamer la légitimité de leurs aspirations souvent contradictoires entre elles — tout à fait comme la CGT juxtapose, l'une derrière l'autre, les revendications catégorielles —, cela ne subvertit en rien les formes de la vie politique. Une telle démarche ne fait que se couler dans le moule habituel, avec pour seule originalité de susciter le rire gras du cochon qui sommeille, paraît-il, en chacun de nous. Coluche se veut le bouffon de la politique : c'est reconnaître que celle-ci est reine.

Tout cela est à replacer dans la situation d'ensemble, l'instabilité internationale, la crise économique. Le chômage et la peur pétrifient les esprits, gèlent les initiatives, expulsent des préoccupations de chacun tout ce qui ne l'atteint pas directement, personnellement. Dans cette atmosphère d'angoisse et d'égoïsme, les attentats peuvent bien se compter par centaines : ils restent autant de faits divers. Aussi faut-il tenir pour précieuse la présence, dans des institutions comme la magistrature ou la police, de syndicats dirigés par des hommes encore capables de placer le sens civique au-dessus des intérêts corporatistes ; de même du courage d'un journal comme *le Monde* qui, avec ténacité, refuse de se laisser intimider. De tels points d'ancrage constituent des garde-fous contre d'éventuelles tentations putschistes, que celles-ci apparaissent à l'intérieur ou à l'extérieur des institutions.

Au lendemain de l'attentat de la rue Copernic, et malgré quelques manifestations restées quelque peu formelles, sans véritable ferveur, les juifs de France se sont retrouvés dans une grande solitude face au terrorisme antisémite renaissant. Aussi peut-on légitimement se demander si dans ce pays une violente poussée terroriste susciterait un rejet assez profond, capable de s'exprimer par des actions populaires [1]. Heureusement pour nous, les pays voisins, qui ont connu des formes de terrorisme plus brutales et plus coordonnées, entrent maintenant dans une nouvelle phase, et l'on peut espérer tirer quelque leçon de leur expérience. Des réponses apparaissent chez ceux des terroristes allemands et italiens qui entrent en dissidence vis-à-vis des partis armés issus des mouvements de l'après-68. Cependant, le terrorisme qu'ils contestent est celui qui prenait appui sur des aspirations de gauche, tout en rejetant la démarche syndicalo-politique de la gauche traditionnelle.

Rien n'assure, au contraire, que le terrorisme d'extrême droite soit à la veille de se décomposer. Les idéologies dont il se nourrit ont su récemment faire peau neuve, trouvant des appuis dans cette droite intellectuelle dont on avait prématurément cru pouvoir signer l'acte de décès en 1944. La colonisation d'organes de presse comme *le Figaro-Magazine* et ceux du groupe Hersant peut fournir à l'extrême droite fasciste, voire néo-

---

1. La réaction des étudiants de Nanterre, à une agression fasciste en décembre 1980, est un exemple réconfortant de ce que devrait être un tel sursaut de morale démocratique.

nazie, des passerelles en direction de secteurs d'opinion dont elle se trouvait séparée depuis la guerre. Ce n'est pas que Messieurs Pauwels ou de Benoist soient des porteurs de bombes, des constructeurs de fours crématoires, ou les organisateurs clandestins d'un nouveau parti national-socialiste ; plus simplement, des groupes tels que l'ex-FANE peuvent trouver dans la « nouvelle droite » une référence culturelle, plus facile à revendiquer et donc plus efficace que la nostalgie de *Mein Kampf.*

De fait, la France n'est sans doute pas à la veille d'être « déstabilisée » par le terrorisme, qu'il soit d'extrême droite, d'extrême gauche ou nationaliste. Le vrai risque réside dans la dégénérescence des valeurs collectives au nom desquelles pourrait, le cas échéant, se mobiliser la résistance au terrorisme. Ce n'est pas Coluche qui est inquiétant, pas plus que ne l'étaient ses prédécesseurs Ferdinand Lope ou Mouna Aguigi, mais bien davantage le « coluchisme » d'intellectuels qui, voici quelques années encore, étaient partie prenante dans les aspirations à de nouvelles formes, individuelles et collectives, de vie culturelle, sociale et politique. Cette haine de soi, cet abandon à la pire facilité, cette confusion entre la joie et le ricanement, ressemblent aux tentatives d'hier pour dépasser le classique intellectuel aux mains blanches, pour forger au sein des luttes populaires une nouvelle sorte d'intellectuels, comme les fanfares militaires ressemblent à la musique. Il y a les symptômes de la maladie. De la même façon, l' « affaire des diamants » est à tout prendre moins inquiétante, moins dangereuse pour la démocratie et la vie sociale, que les mécanismes de corruption qui ont gagné l'Etat et la classe politique tout entière.

Ce qui est grave dans la France de 1980, c'est que des mouvements comme ceux de Lip ou du Larzac, qui ont commencé au début des années soixante-dix et qui se poursuivent pour leurs protagonistes tenaces et courageux, ont vu leur richesse se dessécher avec le temps. Comme si l'occasion avait été décidément perdue, passée l'heure où leur problématique singulière rencontrait la recherche de dizaines de milliers de femmes et d'hommes en mouvement. Le laminoir des échéances électorales a écrasé cette quête, englouti les démarches collectives. Ce n'est nullement se résigner que de prendre la mesure de cette régression. L'après-68 est terminé, mais rien n'est plus non plus comme avant Mai 68. Des dizaines de problèmes cruciaux ont été soulevés, que résumait le slogan « Changeons la vie » : des problèmes de l'école à ceux de la vie d'usine, de la libération des femmes à l'autonomie régionale. Reste qu'aujourd'hui, en 1980, le sentiment général est que rien n'avance plus. Les inventions originales de la période antérieure ont rapidement été banalisées, jusqu'à se réduire à des paragraphes perdus dans la masse des problèmes auxquels le Programme dit commun était censé apporter une réponse globale. Entre la gauche, qui ne s'empare d'un sujet que pour en faire une abstraite rubrique de catalogue, et le pouvoir en place, dont l'objectif est de gagner du temps par la guerre d'usure, bien peu d'espace reste libre.

C'est dans ce contexte qu'il faut comprendre les opérations au plastic, à la bombe ou à la mitraillette. Mais elles-mêmes restent sans écho : après la première journée, où elles sont au premier plan de l'information, plus personne ne se sent impliqué. La partie ne se joue plus qu'entre les services spécialisés de la police et les terroristes : entre professionnels. A l'égard du terrorisme autant que de la vie politique traditionnelle, la France vit dans le brouillard. Si, au printemps de 1968, Pierre Viansson-Ponté portait dans *le Monde* un diagnostic d'ennui, aujourd'hui c'est pire encore : tout un peuple, englouti dans un sommeil sans rêve, s'abandonne à des gouvernants sans âme.

1977 : INVENTAIRE (INCOMPLET)
D'UNE ANNÉE ORDINAIRE [1]

3 janvier	Mahnoud ould Salah, ancien représentant de l'OLP, assassiné à Paris
8 avril	Grenade et incendie de l'imprimerie Vérité-Rhône-Alpes
9 avril	Bombe au local de l'UNEF à Grenoble
10 avril	Bombe à l'appartement de la cogérante des cinémas 14-Juillet
22 avril	Bombe à la Bourse du travail de Grenoble
3 juin	Attentat contre le foyer chilien d'Aulnay-sous-Bois
4 juin	Attaque d'un piquet de grève et meurtre de l'ouvrier Pierre Maître à Reims
5 juin	Attentat contre l'avocat algérien Assouline
8 juin	Colis piégé au journal *Rouge*
14 juin	Deux blessés dans les locaux des Editions Sociales

---

1. Ne figurent pas dans cet inventaire les attentats imputés aux mouvements séparatistes.

juillet	La voiture de l'avocat Serge Klarsfeld explose
15 juillet	Attentat du commando Joachim Peiper contre les locaux du MRAP
18 août	Attentat du commando Joachim Peiper contre le monument du maréchal Leclerc
20 août	Attaque du siège du PC et du PS à Châlon
26 août	Attentat contre le siège du PC dans le Gard
16 septembre	1 mort et 7 blessés dans l'incendie criminel du foyer de travailleurs immigrés de la rue Sedaine
19 septembre	Attentat au cocktail Molotov contre une permanence du MRG à Paris
25 octobre	Attentat à l'explosif contre le siège du Syndicat de la magistrature
4 novembre	Attaque du consulat d'Algérie
28 novembre	Attentat contre Air-Algérie
2 décembre	Attentat contre le consulat algérien de Marseille et mort du gardien Laïd Sebaï
4 décembre	Plastiquage du foyer des travailleurs immigrés de

	Marange Solvenge dans la Moselle
11 décembre	3 coktails Molotov contre un foyer Sonacotra à Strasbourg
26 décembre	Explosif contre la Maison des syndicats de Cambrai
30 décembre	Attentat contre la mairie de Marcoing

En huit ans

VINGT-CINQ ÉTRANGERS ONT ÉTÉ VICTIMES D'ASSASSINATS POLITIQUES EN FRANCE

En huit ans, vingt-cinq assassinats politiques de personnalités étrangères ont eu lieu en France. La plupart ont été commis à Paris et la moitié d'entre eux étaient en relation avec les événements du Proche-Orient. Nous publions ci-dessous la liste des personnes tuées.

1972

— 7 août : Stephan Kulic, réfugié croate, à Nice.

— 13 novembre : Khodr Kannou, journaliste syrien.

— 8 décembre : Mahmoud Hamchari, représentant de l'OLP.

1973

— 6 avril : Basil Al Kubaisi, dirigeant du FPLP.

— 28 juin : Mohamed Boudia, algérien, membre du Fath.

— 26 août : Dr Outel Bono, opposant tchadien.

1974

— 19 décembre : colonel Ramon Trabal, attaché militaire de l'Uruguay.

1975

— 24 octobre : Ismaïl Erez, ambassadeur de Turquie et son chauffeur.

1976

— 11 mai : colonel Joaquim Zenteno Anaya, ambassadeur de Bolivie.

— 28 août : Yvan Tsukor, réfugié croate, à Nice.

1977

— 3 janvier : Mahmoud Ould Saleh, militant palestinien, ancien représentant de l'OLP.

— 2 décembre : Laid Sebaï, gardien de l'Amicale des Algériens en Europe.

1978

— 4 mai : Henri Curiel, réfugié politique apatride

— 3 août : Ezzedine Kalak, représentant de l'OLP.

— 18 octobre : Bruno Ante Busic, réfugié croate.

— 21 décembre : José-Miguel Benaran Ordenana, militant basque espagnol, à Anglet.

1979

— 25 juin : Henrigue Gomez Corta, basque espagnol, à Bayonne.

— 25 juillet : Zouheir Mohsen, chef du département militaire de l'OLP, à Cannes.

— 2 août : Juan Lopategui Carrasco, basque espagnol, à Anglet.

— 13 septembre : Justo Elizaran Sarasola, militant basque espagnol, à Biarritz.

— 7 décembre : Chahryar Moustapha Charik, neveu de l'ex-chah d'Iran.

— 22 décembre : Yilmaz Colpan, directeur du bureau de tourisme turc.

1980

— 18 janvier : Youssef Moubarak, gérant de la librairie arabe.

— 14 juin : Yahia el Meshad, ingénieur atomiste égyptien travaillant pour l'Irak.

— 21 juillet : Salah Eddin Bitar, ancien premier ministre syrien.

Le Monde, 26 juillet 1980

Les Tupamaros et l'Europe

La fondation du groupe des Tupamaros remonte à 1963, et leurs actions commencent à être connues en 1966. C'est l'époque de la Tricontinentale, en pleine guerre du Vietnam. La Seconde Guerre mondiale est loin. Le communisme se débat dans les convulsions provoquées par la condamnation de Staline au XXᵉ Congrès du PCUS, sous l'égide de Krouchtchev. En France, la Vᵉ République est triomphante, mais les joutes entre le régime que De Gaulle a installé après avoir mis fin à la guerre d'Algérie et les politiciens de la IVᵉ République sont loin de passionner la jeunesse. Une génération d'étudiants de gauche s'éveille, à laquelle ne s'offre aucune tâche exaltante dans le cadre de l'hexagone. Quelques-uns, peu nombreux mais dont la démarche est révélatrice, vont faire le voyage d'Amérique latine. Première étape, Cuba : en Mai 68 encore, on scandera « Che... Che... Che Guevara. »

Le plus célèbre d'entre eux, Régis Debray, exprime bien l'esprit de cette démarche dans ses *Rendez-vous manqués*[1] où, prenant occasion de son plaidoyer pour Pierre Goldman, il crache son dégoût pour ceux qui, restés en France, ont fait Mai 68. Pour lui, et cela légitime son itinéraire, « un bachelier de 1914 était un tué en sursis, en 1940 un déporté en instance de départ, en 1960 un pétitionnaire en herbe ». Son départ de France est une quête de l'Histoire : « Etre capable de mort, c'est être capable d'histoire » ; « Qui aime d'amour la philosophie ne peut qu'aimer la guerre. » La grande référence philosophique est ici Hegel : « Parce qu'elle met en jeu la vie de tout, disait Hegel, la guerre est la condition de la santé éthique des peuples. » Cet hymne à la mort éclaire d'un jour lugubre le fantasme guérilléro des années soixante. Encore Régis Debray a-t-il été voir sur place. Beaucoup d'autres, en deçà de l'océan Atlantique, en appellent à une Histoire et à une Mort plus abstraites, dans le sillage d'Althusser.

Ce ne sont pas des esthètes, buveurs du sang des autres, que j'évoque là, mais des militants désemparés, révolutionnaires sans révolution, culpabilisés de ne pas trouver de tâche à la hauteur de leurs espérances et des sacrifices qu'ils se croient sincèrement prêts à consentir.

---

1. Le Seuil, col. « Combats », 1975.

Occidentaux navrés, hébétés de vivre hors de la « zone des tempêtes », à une époque où l'idée de Brigades internationales pour le Vietnam pourrait se réaliser. Etrangers aux pays où se mènent les vraies luttes anti-impérialistes, ils ne peuvent accepter une existence qu'on résumera bientôt par « métro-boulot-dodo ». Aussi recevront-ils avec ferveur le message des Tupamaros, publié [1] avec une postface de Régis Debray : « Apprendre d'eux. »

Pourquoi les Tupamaros ont-ils un tel écho en Europe ? Sans doute parce qu'il est difficile d'identifier la France, l'Allemagne ou l'Espagne au Vietnam ; alors que l'Uruguay, même si en fait on en ignore tout, est présenté à longueur de colonnes par les journaux comme « la Suisse de l'Amérique latine ». Une démocratie bourgeoise donc, un pays prospère et dans lequel l'action des Tupamaros a révélé les fractures de classe : ils ont déchiré le fragile tissu du consensus national, ils sont populaires ; modestes, sympathiques, aimés des masses, ils savent imposer, les armes à la main, leur vision de l'Histoire. C'est donc possible... Telle est l'image d'Epinal qui suscita un émerveillement naïf dans l'immédiat avant-68. Les Tupamaros servirent de référence sans l'avoir cherché, alors qu'ils étaient

---

1. *Nous les Tupamaros,* Maspero, 1971.

à l'apogée de leur réussite. On ne peut, aujourd'hui, oublier qu'en Europe la guérilla n'a vraiment démarré qu'après leur liquidation en tant que force politique et militaire, et alors que cet échec laissait l'Uruguay soumis à une féroce dictature militaire, issue des affrontements qu'ils avaient suscités. Mais, à l'époque, ce n'étaient là que les aléas du combat : *Nous les Tupamaros* n'en fut pas moins le livre de chevet de bien des militants, qui voyaient réalisé, chez ces révolutionnaires d'au-delà de l'océan, leur désir de lutter pour leur peuple, d'en être aimé, de le conduire à la victoire : fraternité internationaliste on ne peut plus sincère, embrassant le monde entier dans sa solidarité politique et affective.

Le militant gauchiste de l'après-Mai français sera, encore, Palestinien, Tupamaro, Breton, Black Panther, Garde Rouge. Et l'un des premiers groupes armés allemands s'appellera « Tupamaros Berlin-Ouest. » Une telle mondialisation de la crise, projetée sur son propre pays, permet de se rassurer sur le sens de ce qu'on entend faire, de justifier comme inévitable et nécessaire la barbarie qui va envahir la cité : « *Burn, baby, burn !* ». Certes, à une lecture plus attentative, *Nous les Tupamaros* révèle certains éléments qui auraient dû faire réfléchir plus sérieusement sur la logique interne de la guérilla. Mais, à l'époque, qui voulait, qui pouvait s'interroger assez loin pour en tirer la leçon ? Voici, en tout cas, deux extraits significatifs :

Janvier 1963. Un groupe d'hommes très mal organisés a besoin d'agir, de réaliser une opération pour arriver à la cohésion qui lui fait défaut. Mais pas d'agir dans n'importe quel sens, car au fond les mêmes préoccupations, des idées communes et une certaine pratique de la lutte les ont déjà unis. Ce dont ils ont besoin, c'est de réaliser une opération militaire ou quelque chose de semblable. Une opération dangereuse qui leur donne l'occasion de s'affirmer en tant qu'individus et de se définir en tant qu'organisation, et qui soit à la fois un défi, une preuve, une rupture avec le passé et avec la légalité. Une opération qui leur permette de s'engager, de traduire dans la pratique ce qui n'est que des préoccupations, une position théorique.

Nous n'ignorons pas l'importance de ce problème : les organisations révolutionnaires devront arracher au peuple le bandeau qui lui couvre les yeux. C'est pour toutes ces raisons qu'en Uruguay, il n'y a pu avoir de caserne Moncada comme à Cuba, que la guérilla a dû, à ses débuts, adopter un mode d'action « sympathique » et que ses militants ont parfois été obligés de se transformer en « accusateurs publics » pour dénoncer l'escroquerie et la corruption, donnant ainsi à la guerre ce contenu particulier. Cet objectif a été atteint. Il n'a pas été facile de mettre le peuple face au problème de la guerre révolutionnaire après soixante ans de paix. Même s'il avait complètement rejeté l'idée de la lutte armée, il aurait été très dur pour une organisation armée jusqu'aux dents de ne pas appuyer sur la gâchette dans plus d'une occasion.

Ce que Régis Debray, dans sa note de présentation, appelle « le plus utile des manuels de guérilla urbaine actuellement disponible en librairie » (après avoir dialectiquement énoncé que c'est un manuel pour cette raison même que « c'est le contraire d'un manuel »), n'occulte donc pas la logique propre qui découle, inéluctablement, de la décision de se lancer dans la lutte armée : logique qui peut, à tout moment, perdre tout rapport avec la volonté des hommes qu'elle est censée exprimer, et même de ceux qui en sont les militants actifs.

Mais il faudra attendre la fin des années soixante-dix, et l'apparition d'une dissidence à l'intérieur des mouvements de guérilla en Allemagne et en Italie, pour que les yeux se dessillent. Et, aujourd'hui encore, ceux qui préfèrent rester aveugles peuvent toujours décider que cette tardive prise de conscience n'est qu'une « trahison ». Sans parler de ceux qui n'ont jamais ressenti la moindre sympathie, le moindre élan envers la geste des Tupamaros, modernes Robin des Bois : sûrs, trop sûrs que cela finirait mal. Ceux-là sont trop souvent les mêmes qui, entre 1940 et 1944, auraient pensé que résister était vain et dangereux. Certes, nous devons analyser l'échec de l'entreprise des Tupamaros, mesurer l'épaisseur de la nuit fasciste qui a fondu sur l'Uruguay. Je n'en suis pas moins plein de malaise et même de honte en lisant un petit entrefilet du *Monde,* qui annonce le procès de Raoul Sendyk et des rares Tupamaros à avoir survécu aux tortures subies dans les prisons de la junte uruguayenne. Cela n'émeut-il donc personne, après avoir pendant des années fait frémir les plus sincères désirs révolutionnaires de milliers de jeunes Européens ?

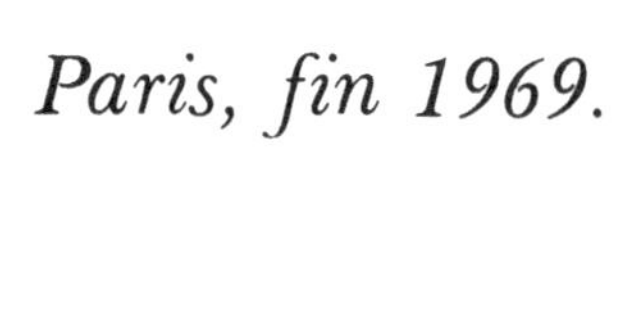

Paris, fin 1969.

Du Japon nous arrive la rumeur d'un massacre dans les montagnes. Le Japon, c'est loin, certes ; mais, tout récemment encore, les exploits du Zengakuren avaient occupé les écrans de nos télévisions, et les barricades de Mai nous avaient rendus sentimentalement proches ceux qui, quelques semaines plus tôt, nous étaient apparus en un étonnant spectacle, anachronique ou futuriste, opposant leurs longues perches aux filets des policiers.

Et voilà que, moins de deux ans après, ces frères du lointain, ces compagnons de la révolution « sympathique », se retrouvent dans les montagnes et s'entretuent, dans le comble de l'atrocité, avec un raffinement sadique. Certes, « La révolution n'est pas un dîner de gala [1] ». Tout de même, le choc est rude, et chacun espère intensément apprendre bientôt

1. Sans doute la plus célèbre citation de Mao Tsé-Toung...

que ce n'est là qu'un horrible bobard, une vomissure de propagande.

Hélas, tout cela est vrai ; une rencontre fortuite, à Paris, avec des gauchistes japonais de passage m'en donne confirmation. Du mime guerrier dans les rues, on est passé aux coups de feu. L'escalade a alors produit ses effets : le drame sanguinaire a fait reculer le plus gros des militants du début, et radicalisé ceux qui ont continué. L'action de l'Etat japonais, la chasse impitoyable dans les villes ont fait le reste. La suite n'est que trop logique. Les rescapés ont décidé de se replier et de construire une guérilla. Isolés, coupés de leur source universitaire et urbaine, rejetés par les paysans, certains ont voulu divorcer, laisser derrière eux cette aventure. Mais ce droit leur a été refusé : ils ont été déclarés traîtres et liquidés physiquement. Court a été, là-bas, le chemin de la fête au charnier.

« Pas ça, pas chez nous, pas nous », telle est la première pensée qui nous vient, après la nausée. Conséquence immédiate : il faut refuser tout affrontement entre l'Etat, sa police et son armée d'une part, et les seuls militants d'autre part.

Bilan étriqué, sans doute, mais garde-fou tout de même. C'est cette leçon, qu'après tout il n'était pas si facile d'entendre, qui conduira au printemps 1970 à l'autodislocation des formes organisationnelles de la Gauche prolétarienne : formes qui, maintenues, auraient mené tout droit à une escalade de même nature, même compte tenu des spécificités propres de la France et du Japon. Car, au printemps 1970, la Gauche prolétarienne pouvait parfaitement déboucher sur un mouvement terroriste semblable à ceux qui allaient apparaître dans les pays voisins. A telle enseigne qu'au moment où les « maos » français entamaient leur processus de « dissolution » comme groupuscule, de dissémination dans les mouvements populaires, un des premier groupes violents italiens se constituait en la démarquant jusque dans son sigle : *Sinistra proletaria*.

Pourtant, ce n'est pas la seule image répulsive de l'Armée Rouge japonaise qui a suffi à nous écarter de l'abîme qui nous guettait. La Gauche prolétarienne, deux ans après mai 68, occupe le devant de la scène. A tel point qu'il ne se passe guère de semaine sans que les médias portent à la une telle ou telle de ses actions d'éclat, attribuant même à la GP ce qui est le fait d'autres groupes. La saga des « mao » attire, en son sein et autour d'elle, tous ceux pour qui l'action est nécessité et vertu : elle occupe tout l'espace illégaliste ouvert par Mai 68. Rien à voir avec l'extrême gauche ancienne manière, qui se définit par rapport aux forces politiques traditionnelles et notamment aux « déviations » du parti communiste — c'est Krivine qui tient ce rôle — ; il s'agit bien d'un lieu nouveau, directement issu de Mai. Cette irruption de pratiques inédites provoque, entre autres effets, la difficulté pour la presse, *le Monde* notamment, de les classer sous une rubrique : ce n'est plus « Université », ni même « Agitation », ce n'est pas non plus « Social ». La fébrilité perturbe les nomenclatures.

Le Nouvel Observateur publie une interview de Jean-Paul Sartre, sous le titre « Les casseurs ont la parole. » Casseurs, peut-être ; mais de quoi ? Pour l'essentiel, du jeu politique et syndical. Les « casseurs » ont tiré de Mai 68 la conviction que les affrontements de Flins et de Sochaux, la mort du lycéen Gilles Tautin et des ouvriers Blanchet et Baylot, ouvrent la voix d'une nouvelle Histoire de France : la guerre civile est à l'horizon [1].

La référence chinoise, si elle s'explique historiquement par le rôle d'une petite fraction de l'ex-UJCML (Union des Jeunesses Communistes, marxiste-léniniste), signifie surtout une générosité internationaliste qui trouve un exemple chez les Gardes Rouges de la Révolution Culturelle et partage les illusions dont ceux-ci reviendront aussi. Il s'agit d'abord de refuser la coexistence pacifique krouchtchevienne, de saluer l'avènement d'une nouvelle

---

1. Cf. : *Vers la Guerre civile,* par Alain Geismar, Serge July et Erlyne Morane, Edition spéciale, 1969.

sorte de communisme, capable de mettre en mouvement des centaines de millions d'hommes contre un appareil pétrifié dans la gestion du socialisme à la soviétique. Et de prendre comme drapeau un refus de la division du travail qui rencontre directement l'utopie soixante-huitarde. Tel est le point de départ. Mais, avec la Chine, on reprend aussi la grande maxime de Mao : « Le pouvoir est au bout du fusil. » Par là, c'est toute une conception militaire du politique qui s'installe fermement dans la pensée des « maos ». Tout sera pensé en termes de guerre. Reprenant le slogan : « Nous sommes tous des partisans », né à la Fiat de Turin, où il ne constituait qu'un moment de la révolte, la Gauche prolétarienne se vivra comme le germe de la Résistance, dans un univers où l'Etat et ses forces de répression représentent les nazis, et le PC-CGT, les collabos.

C'est que penser la politique en termes militaires, cela renvoie nécessairement, en France, à l'imaginaire de la Résistance. Parce qu'il n'y a pas d'autre référence. Et que, pour pouvoir se prendre au sérieux, la jeunesse militante doit se chercher une légitimité historique dans la tradition française. Le choix est simple : ou l'on se revendique de la Résistance, ou l'on s'assume comme sans passé, l'Histoire commençant le 3 mai 1968. Or, la génération militante à laquelle appartient le groupe fondateur de la GP est pétrie de l'expérience de la guerre d'Algérie, elle a traversé la crise du mouvement communiste à l'intérieur de l'UEC (Union des étudiants communistes). Il s'agit donc de se montrer les dignes héritiers de la Commune, des révolutionnaires de 1917, des FTP de 1944, ces héros aimés du peuple. Quand on se veut le noyau qui rassemblera le peuple autour de lui, il est inconcevable de ne pas avoir de père dont se réclamer. Les lycéens de la GP se travestissent en Gardes Rouges chinois, et Henri IV devient le proche compagnon d'armes de Louis-le-Grand ; tandis que les groupes militants qui se démènent autour des usines de banlieue se proclament fièrement « détachements de partisans ». Cela permet de refouler l'inquiétude que peut inspirer l'extrême jeunesse de la plupart des militants en s'offrant, à défaut d'une présence des autres générations autre que celle, assez symbolique, de quelques vétérans en rupture de PC-CGT, la certitude d'être les continuateurs des véritables révolutionnaires. A cet égard, le vocabulaire de *la Cause du Peuple* ou des *Cahiers de la Gauche prolétarienne* (« Vers la résistance ») n'est pas moins éloquent que le contenu des actions effectuées ou prévues.

Dans ce contexte, on peut réellement s'étonner qu'une pensée de cette sorte, confrontée à une répression qui tenait un langage symétrique et organisait force rafles et déploiements de troupes, n'ait pas débouché sur une histoire constellée de sang. Deux éléments sont ici décisifs, qui à la limite n'en font qu'un car les personnes sont pour une part les mêmes : d'une part, Mai 68 avait été un mouvement révolutionnaire « sympathique » non sanguinaire, un hymne à la vie ; d'autre part, les fondateurs de la GP étaient habités, individuellement, d'une fermeté morale profondément enracinée et d'un grand sens des responsabilités. Plus précisément, et quelque imaginaire qu'elle se soit tissée, la GP a toujours été, de façon permanente et dépourvue de la moindre complaisance, un mouvement pour une morale politique capable d'assurer la légitimité de l'action. Telle est, à mes yeux, le sens évident de la rencontre avec Jean-Paul Sartre, qui fut à partir de 1970 le plus exigeant de nos amis.

Cette génération de militants s'était forgée dans la lutte contre la torture en Algérie. Sa référence à la Résistance signifiait de manière constitutive, indéracinable, le refus de ce mal absolu qu'est le fascisme, et la volonté d'en extirper tous les symptômes. Continuer Mai 68, c'était indissolublement refuser l'abjection : le cynisme politique, repéré comme le fondement de pratiques menant au nazisme. C'est dans le même esprit que, plus tard, beaucoup d'entre nous recevront comme essentielles les révélations de Soljenitsyne et de Pascalini. Nous n'étions pas des militants des Droits de l'Homme habillés en révolutionnaires, mais des révolutionnaires décidés à accomplir la transformation de l'homme en Humanité.

Etre honnêtes aujourd'hui et ne pas repeindre en rose notre trajectoire, cela exige bien sûr de bien se rappeler les tentations, les faux pas nombreux qu'inspirait l'autre logique, la logique de la guerre. Mais il ne faut pas compter pour rien les réactions que suscitait chez nous-mêmes chaque démarche moralement condamnable. Les « maos » ont été jusqu'à procéder deux fois à leur auto-dissolution : l'une, définitive, en 1973 ; la première, dès 1970, lorsque furent disloquées les formes organisationnelles, avec pour objectif central de ne pas se laisser entraîner dans une confrontation militaire entre l'organisation et l'Etat. Les groupes de la GP se destructurent alors pour « plonger » dans divers secteurs (quartiers, usines, ...) et y provoquer de nouvelles formes de regroupement à partir des « éléments actifs ». De là naissent le Secours Rouge, les Comités de lutte d'usine, les Comités Palestine. Seule tentation héritée de la période antérieure : la campagne centrale « Geismar-Résistance », qui trouve son apothéose en octobre 1970, à l'occasion de mon procès. L'échec de cette campagne, qui visait à canaliser les différents mouvements de révolte vers la défense des militants maos, présentés comme porte-drapeau du peuple en lutte, renforcera notre détermination de refuser l'affrontement central et, *a fortiori,* le terrorisme comme réponse à l'isolement et à la répression.

Ce refus n'empêche pas, bien au contraire, la création d'un organe militaire, la Nouvelle résistance populaire, d'autant plus centralisé que le reste de l'organisation se dissout. Mais la NRP, dès l'origine, entend intervenir dans les luttes réelles, préfigurer une violence de masse à venir, et non pas se faire le bras armé d'une organisation politique. Bien évidemment, les bonnes intentions [1] ne suffisent pas, et il suffit d'examiner certaines interventions de la NRP pour se rendre compte de l'ambiguïté à laquelle un tel instrument centralisé n'échappe jamais. La prise de corps du député de Grailly, à l'occasion du « procès Geismar », réaffirme le même antagonisme direct, entre l'organisation et l'Etat, que la campagne dont elle marque le terme. Il en ira de même avec l'« arrestation » de Nogrette, après l'assassinat de Pierre Overney aux portes de Renault-Billancourt. Car, même si cette arrestation est présentée comme émanant

---

1. Cf., dans l'annexe 2, le texte fondateur qui définit le rôle de la NRP.

du Comité de lutte Renault, chacun pense qu'elle est l'œuvre des maos. « Que veulent les maos ? », titre *le Nouvel Observateur,* et une brochure publiée en supplément à *la Cause du Peuple-J'Accuse* tente de répondre à cette question. Le plus grave est que les communiqués de la NRP, tout au long de cette opération, ne semblent pas exclure que le détenu puisse être exécuté. A aucun moment il n'en a été question, dans l'esprit des protagonistes directs, et une lecture minutieuse des textes le démontre ; il n'en reste pas moins que ce fantasme a circulé parmi les éléments les plus radicalisés des masses influencées par les maos, parmi les militants eux-mêmes et, plus encore, dans la classe politique et syndicale ainsi que dans les médias.

Jamais, de fait, nous n'avons été aussi près de sombrer dans le terrorisme. Non pas délibérément : l'issue, qui fut la « libération » de Nogrette, était prévue d'avance ; s'il en faut des preuves, aucune mesure particulière de protection des responsables les plus en vue n'avait été mise en œuvre, et rien n'avait été fait pour préparer à la clandestinité les militants, auxquels au contraire il n'avait jamais tant été demandé de se découvrir, en distribuant publiquement les communiqués de la NRP, etc. Malgré cela, il est certain que nous avons alors flirté avec la terreur et entraîné dans cette voie des milliers d'activistes. Peut-être avons-nous par là créé chez certains une telle frustration qu'elle les a ensuite conduits ailleurs : là où nous ne voulions aller à aucun prix.

Telle était bien l'ambiguïté : tout au long de ces années, nous avons maintenu un discours qui annonçait la guerre civile, des actions qui parfois l'anticipaient, tout en nous gardant délibérément des risques d'escalade : les militants de la NRP, qui parfois brandissaient des armes à feux, savaient qu'elles n'étaient pas chargées. Des tabous (jamais nous ne prendrions l'initiative de tirer le premier coup de feu) et des garde-fous (limiter à la seule NRP les actions à caractère militaire, et garder un strict contrôle de celles-ci) nous ont permis de ne jamais transgresser le code moral qui était essentiel à notre pratique. Pourtant, nous avons agité dans les esprits de redoutables fantasmes et la seule raison pour laquelle ne se sont pas constitués, à côté de nous, d'autres groupes plus semblables à la RAF allemande ou aux Brigages rouges italiennes, c'est que nous occupions tout le terrain. Ce n'est qu'après, longtemps après notre dissolution définitive en 1973 que d'autres pratiques, auxquelles ce code moral était devenu étranger, sont apparues en France.

De la Palestine à l'Europe :
la danse macabre

Ainsi que je l'ai dit en introduction, bien des choses se sont jouées, pour les « maos » français, dans leur rapport à la question palestinienne ; les prémices de leur dissolution définitive sont, en partie du moins, à chercher dans leur réaction à l'attentat de Munich en 1972. Or, ils ne sont pas les seuls à avoir été ainsi interpellés par le Moyen-Orient : les militants allemands, hantés par l'antisémitisme de la génération précédente et par le génocide, en sont l'exemple le plus dramatique.

Au moment de la guerre des Six Jours, en 1967, il n'existe quasiment pas en Europe de mouvement d'opinion favorable aux Palestiniens. En France, une mini-manifestation, regroupant rue Mouffetard une ou deux centaines de prochinois, sera le seul témoignage de solidarité avec les Palestiniens déracinés. Le consensus en faveur d'Israël a d'ailleurs de quoi surprendre : n'y retrouve-t-on pas les vedettes du soutien à l'OAS, toute la vieille droite française, et jusqu'à l'ancien commissaire aux Affaires juives du gouvernement de Vichy, Xavier Vollat ? Toujours est-il qu'à cette date, l'anti-impérialisme se mesure à l'aune du Vietnam ou de l'Amérique latine, et que les plus vives oppositions se manifestent dès qu'il s'agit de la politique israélienne. Le PSU invite régulièrement à ses congrès des représentants des partis de gauche israéliens. En Mai 68, la présence à la Sorbonne d'un stand de l'OLP n'est pas ressentie comme allant de soi, alors que des mouvements sionistes participent tout naturellement au mouvement. Le fait est que, sauf en période de guerre ouverte, la Palestine ne représente alors guère, pour ceux qui au moins s'en préoccupent, qu'un problème de réfugiés parmi tant d'autres.

Pourtant, et c'est là un aspect de notre monde du XXe siècle que trop de bonnes âmes auraient tendance à oublier, il n'est que trop vraisemblable que, sans leur activité terroriste, les Palestiniens n'occuperaient toujours qu'une sous-rubrique dans la liste des bonnes œuvres des Nations Unies. Je pose la question : qui envisageait, fût-ce comme pure hypothèse, l'édification au Proche-Orient d'un Etat palestinien, avant le déchaînement d'actions terroristes qui suivit la guerre des Six Jours ? Toutes les condamnations, morales, idéologiques ou politiques, du terrorisme pèsent bien peu, hélas, face au critère d'efficacité : il suffit de se rappeler l'indifférence que manifestaient à l'époque nombre de ceux qui prêchent aujourd'hui les voies pacifiques.

Pourtant, rien ne légitimera jamais les crimes tels que les attaques de populations civiles, y compris d'écoles et de crèches, la séparation des juifs et des non-juifs lors de prises d'otages, les projets heureusement avortés d'abattre en vol des avions de ligne, ou la participation de la Saïka[1] aux massacres de Palestiniens pratiqués par les Syriens au Liban. La morale ne garantit pas plus le succès que l'insuccès ne mesure la vertu : on peut avoir raison sans être martyr, et inversement. D'ailleurs, sans même en appeler à des millénaires d'histoire, notre siècle n'a-t-il pas assuré la victoire durable de causes pétries d'inhumanité ?

Sans doute, les Palestiniens n'ont pas perçu que la naissance de l'Etat sioniste faisait suite, dans l'esprit des hommes sinon des gouvernements, bien plus à l'horreur des camps de la mort qu'à la propagande des pionniers du sionisme. Sans doute, ils peuvent, et avec eux les peuples arabes en général, ne pas s'estimer concernés par les massacres perpétrés en Europe. Reste que refuser de s'interroger sur

---

1. Organisation palestinienne pro-syrienne.

la légitimité de l'Etat d'Israël, c'est tout simplement nier la réalité, c'est s'assigner comme objectif de renvoyer au néant ce qui est désormais un peuple, une nation, un Etat. Avec un tel aveuglement, il ne faut plus compter sur les hommes pour gagner le soutien de l'opinion publique, mais jouer le jeu des super-puissances pour trouver des protecteurs. Et, bien évidemment, à partir de là, tout est permis, hormis de gêner les manœuvres diplomatiques ou militaires de ceux dont on est devenu les clients. Or, imagine-t-on le Kremlin se plaignant de massacres d'innocents ? Et la Maison-Blanche, donc à l'heure où les B-52 pilonnaient Hanoï et Haïphong ?

C'est là que s'est noué le drame, que les Palestiniens ont franchi le pas ; le FPLP[1] le premier, mais les sigles ne signifient pas grand-chose dans l'univers des services secrets. Vivant dans la zone la plus sensible de l'échiquier international, celle qui recèle les précieux hydrocarbures, les Palestiniens sont devenus un enjeu, cible et ballon pour les super-puissances. C'est ainsi que, de réception au Kremlin en réception au Kremlin, ils ont fini par faire leur la vision du monde, fondée sur les seuls rapports de force, qui a cours à Moscou. En matière de « droit des peuples à

---

1. Front Populaire de Libération de la Palestine, dirigé par Georges Habbache.

disposer d'eux-mêmes », la sincérité de ceux qui viennent de sauver l'Afghanistan, après bien d'autres peuples, des griffes de l'impérialisme, ne vaut même pas qu'on s'interroge. Les Soviétiques s'intéressent aux Palestiniens dans l'exacte mesure de leurs intérêts au Proche-Orient. Que ces intérêts se déplacent, et les Palestiniens pourront bien crever sous leurs tentes. Qu'on songe aux communistes égyptiens, prisonniers politiques de Nasser, entendant dans les hauts-parleurs de leurs camps, en plein désert, Krouchtchev, secrétaire général du PCUS, inaugurer le barrage d'Assouan et proclamer que, s'il était socialiste et arabe, il serait membre du Parti socialiste arabe...

Ce qui a fixé l'attention des révolutionnaires d'Occident ou du Japon sur les Palestiniens, c'est l'image de David et Goliath : un peuple palestinien vivant depuis des décennies sous la tente des réfugiés, soutenu du bout des lèvres par des régimes arabes faibles et inconséquents, face à un Israël doté de la technologie occidentale et protégé par les Américains. En outre, le sentiment était puissant, surtout chez les Allemands, que les Palestiniens payaient pour les crimes commis par l'Occident à l'encontre des juifs. Horst Mahler, ancien militant de la RAF interviewé dans *le Monde-Dimanche* en septembre 1980, dira d'une seule phrase, en un incroyable raccourci, que la passivité des générations précédentes à l'égard des juifs rendait impérieusement nécessaire le soutien à la cause palestinienne, telle qu'elle se présentait en 1970.

Ainsi, sans que soient posées plus de questions sur l'origine et la raison d'être de l'Etat d'Israël, les Palestiniens héritèrent-ils de l'auréole des martyrs péris dans les camps nazis... Le premier effet de cette fantastique occultation historique apparut à Berlin, à l'occasion du trente-et-unième anniversaire de la « Nuit de cristal » fasciste : plusieurs monuments commémoratifs juifs furent couverts d'inscriptions telles que « Schalom et Napalm » ou « El Fath », et une bombe — qui n'explosera heureusement pas — fut déposée à la synagogue. Pour expliquer ces actions et les revendiquer (alors que tout le monde pense à une opération néo-nazie), le tract suivant sera diffusé :

SCHALOM + NAPALM [1]

Les mouvements de gauche, aux Etats-Unis et dans les métropoles européennes, ont commencé il y a quatre ans à manifester en masse leur solidarité avec la lutte anti-impérialiste du peuple vietnamien. Aujourd'hui, peu de temps avant la défaite définitive de l'armée américaine, des millions de citoyens U.S. participent à des manifestations de la gauche pour réclamer la fin de la

---

1. Publié dans *Tupamaros Berlin-Ouest*, de « Bommi » Baumann, Ed. La France Sauvage, 1976.

guerre, ce qui signifie qu'ils sont partisans de la victoire du Front de libération. Mais la fin victorieuse de la guerre au Vietnam signifie aussi le début de la guerre vietnamienne sur tous les fronts.

En déployant toutes ses forces armées au Proche-Orient, l'impérialisme tente de faire obstacle à sa prochaine défaite décisive.

Le capital européen et américain a installé une puissante base militaire au Proche-Orient et soutient donc activement les croisades agressives des sionistes sur le territoire arabe. Plusieurs milliers de spécialistes américains, forts de leurs expériences vietnamiennes, travaillent déjà en tant que conseillers militaires dans l'armée israélienne. Plus de 40 % du budget israélien est dépensé au profit de ladite défense. Golda Meir voyage à travers l'Occident pour rentrer dans son pays munie de Phantom, de dollars et de napalm. Les milliards donnés par la RFA, sous couvert de réparations et d'aide au développement, sont déjà inclus dans le budget sioniste de la Défense. Les investissements des firmes allemandes aux USA sont, la plupart du temps, destinés à l'économie israélienne. *Sous le manteau culpabilisant* d'en finir avec les crimes fascistes contre les Juifs, la RFA aide de façon décisive Israël à commettre des crimes fascistes contre les Arabes palestiniens.

D'après les témoignages des combattants pour la liberté ayant pu s'échapper, les méthodes de torture utilisées jadis par la Gestapo sont appliquées dans les prisons israéliennes. On rase les maisons des citoyens arabes soupçonnés d'être sympathisants de la résistance armée dans les territoires occupés et, en Israël, on tue et on chasse les habitants de ces régions. L'armée israélienne prend des mesures d'intimidation ou de représailles dans des villages rebelles où l'on a découvert ou cru découvrir des réseaux de résistants. Des attaques, des massacres et des arrestations ont lieu quotidiennement. Les hôpitaux jordaniens accueillent les victimes des bombes au napalm israéliennes.

Encore une fois, l'opinion publique allemande n'est au courant de rien. Springer se fait décorer du titre de docteur *honoris causa* et fait de Moshé Dayan un héros populaire à la Rommel. Le peuple palestinien lutte depuis plus de cinquante ans pour son indépendance. Les trois millions de réfugiés palestiniens qui végètent depuis plus de vingt ans dans des campements misérables se sont révoltés. Depuis dix ans, ce peuple organise la lutte armée contre l'impérialisme américain. L'Etat d'Israël, raciste et sioniste, défend sur l'ensemble des territoires arabes les intérêts pétroliers du premier flic du monde grâce au napalm, aux Phantom et aux blindés allemands. En juin, la croisade conquérante d'Israël a, par son caractère fasciste, montré à chaque Palestinien et administré la preuve à chaque Arabe que le seul moyen pour combattre l'impérialisme est la guerre populaire prolongée. Les masses exploitées des régimes gouvernés par des cheiks féodaux et des pays arabes révisionnistes refusent désormais la phraséologie démagogique de leurs chefs d'Etat. La lutte du Fath montre à chacun comment il faut combattre l'impérialisme, le Sionisme et le pouvoir réactionnaire de son propre pays. La révolution palestinienne est le ferment d'une transformation révolutionnaire radicale dans l'ensemble des pays arabes.

A l'occasion du 31ᵉ anniversaire de la « Nuit de cristal » fasciste, plusieurs monuments commémoratifs juifs à Berlin-Ouest ont été couverts d'inscriptions comme : « Schalom et Napalm » ou « El Fath ». Une bombe a été déposée à la synagogue. Ces deux actions ne peuvent être dénoncées comme des excès de l'extrême droite puisqu'elles sont, au contraire, une manifestation de la solidarité internationale socialiste. L'obstination de la gauche à perpétuer son impuissance théorique vis-à-vis du conflit du Proche-Orient est le produit de la culpabilité allemande : « Puisque nous avons jeté les Juifs dans des chambres à gaz, nous sommes obligés d'assurer leur protection à un nouveau génocide. » L'élaboration d'une analyse névrotico-historique à propos de l'existence illégitime de l'Etat d'Israël ne permet pas de dépasser cet antifascisme impuissant. Le véritable antifascisme consiste à se solidariser sans ambiguïté avec les fedayins en lutte. Et notre solidarité ne se contentera plus de déclarations abstraites comme dans le cas du Vietnam. Elle consistera au contraire à lutter, par des actions concrètes, contre les relations priviligiées de l'Etat sioniste avec la RFA fasciste. Chaque heure passée à Berlin Ouest ou en RFA pour commémorer la « Nuit de cristal » de 1938 ne sert qu'à dissimuler le fait qu'actuellement les sionistes rééditent jour après jour un génocide dans les territoires occupés, dans les camps de réfugiés et dans des prisons israéliennes. Les Juifs chassés par le fascisme sont devenus eux-mêmes des fascistes qui n'ont d'autre but, en accord avec le capital américain, que l'élimination du peuple palestinien. Dans la mesure où nous saurons tenir en échec le soutien direct à Israël de l'industrie et du gouvernement allemands, nous préparerons la victoire de la révolution palestinienne et forcerons en plus l'impérialisme mondial à subir une nouvelle défaite. L'élargissement de notre lutte contre les fascistes camouflés sous le manteau démocratique, ainsi que la mise en place d'un front de libération révolutionnaire au sein des métropoles impérialistes, en seront également la conséquence.

TRANSPORTONS LA LUTTE DES CAMPAGNES DANS LES VILLES !

LE POUVOIR EST AU BOUT DU FUSIL !

DES RATS NOIRS TW.

Pour comprendre la logique qui s'empare alors des groupes allemands — et sans doute en va-t-il de même au Japon —, il faut noter que la dimension internationale de leurs actions est d'autant plus importante qu'ils disposent d'une base nationale extrêmement faible. Ce n'est pas qu'il ne se passe rien en Allemagne fédérale : le mouvement des communes, la lutte des ouvriers turcs d'Opel, les actions écologiques ont un poids et un sens. Mais pour ceux qui rêvent de « tout, tout de suite », l'horizon allemand est bien sombre, car le mouvement de 1967-68 n'a pas rencontré d'écho populaire large. Alors qu'en France, au sortir de Mai 68, et même s'il est temps de balayer quelques illusions, il restait de quoi espérer « ici et maintenant », ce qui contribuait à limiter les fantasmes guerriers, en mettant le rêve à l'épreuve de la réalité.

Avant les Allemands, des Japonais, rescapés des tueries qui les avaient opposés à l'intérieur de leur propre groupe, avaient pris une part active à l'opération qui entraîna, à l'aéroport de Tel-Aviv-Lod, la mort de pèlerins des Caraïbes qui se rendaient sur les lieux saints. Vint ensuite la participation de terroristes allemands au détournement sur Entebbe d'un avion d'Air-France, dont les passagers furent triés en juifs et non-juifs ; une vieille dame du nom de Bloch fut remise à Idi Amin Dada qui, selon des témoignages directs, participa en personne à sa strangulation. Plus tard, quand Hans Joachim Klein rendit publique sa rupture avec la guérilla, il avertit la presse ouest-allemande *(Der Spiegel)* que des attentats se préparaient contre Galinski et Libinski, porte-parole des communautés juives de Berlin-Ouest et de Francfort, voire contre Simon Wiesenthal, le fameux chasseur de nazis, chef du Centre de documentation juive de Vienne. Il est juste de mentionner, à la décharge des Palestiniens, qu'ils n'étaient pas eux-mêmes à l'origine de ces projets : ce furent les groupes allemands eux-mêmes qui pensèrent que ces actions plairaient à leurs bailleurs de fonds palestiniens. Klein, le premier, a révélé cet incroyable itinéraire des groupes allemands d'extrême gauche vers des ténèbres qu'on espérait dissipées. Dépendant, pour leur logistique et leur financement, des fournitures de matériel et de fonds en provenance du Proche-Orient, ils ne se contentent même plus d'exécuter des « contrats », comme de vulgaires tueurs à gage, mais, pour se faire bien voir, montent des projets de leur propre initiative. Klein révéla aussi un autre projet, qui échoua : menacer, contre rançon, d'abattre avec une bombe ou un SAM-7 un avion japonais bourré de touristes. Une lettre était déjà rédigée, dont Klein nous dit :

> Il n'y était nullement question des méthodes d'exploitation japonaise, du capitalisme, de l'anticommunisme japonais, etc. On n'y examinait pas qui pourrait se trouver dans ces avions. Il y était question d'argent, d'argent et de rien d'autre. Et du fait que la bombe suivante était déjà prête pour le cas où l'on ne voudrait pas donner les cinq millions de dollars demandés. Je ne rappellerai ici que pour mémoire que la RAF, le 2 Juin et les CR[1] étaient associés au bénéfice.

C'est également par cette dépendance vis-à-vis du FPLP que Klein explique les actions que ses ex-camarades avaient déjà perpétrées avant que lui-même ne les rejoigne : ainsi des bombes qu'ils avaient posées dans des consignes automatiques de gares, opération si

---

1. RAF : la Fraction armée rouge d'Andreas Baader. Le Mouvement du 2 Juin est celui qui réalisa la prise du député Lorenz et son échange contre des prisonniers politiques. Les CR (Cellules Révolutionnaires) étaient le groupe auquel appartenait Klein.

répugnante, si caractéristique des pratiques d'extrême droite que Klein, comme toute l'extrême gauche allemande, y avait vu une provocation policière. Il est vrai que ces actions n'avaient pas été revendiquées publiquement par la guérilla, pas davantage que le projet de tirer des fusées SAM-7 sur le Bundestag réuni en séance...

Dépendance financière, certes. Mais dont on a vu qu'elle pouvait aller jusqu'à anticiper sur les désirs pervers d'un Waddi Haddad [1] : les généreux militants révolutionnaires étaient devenu de petits fonctionnaires de la Mort, capables même d'aller au-devant des ordres pour se faire valoir. Tel peut donc être l'effet du contact avec le pouvoir absolu que confère la possession d'une arme ! Le vertige du stalinisme, de la terreur exercée par l'Etat « soviétique » au nom du prolétariat, se trouve tout entier concentré dans le bref itinéraire de ces femmes et de ces hommes : en quelques mois seulement, ils avaient changé de nature.

Trois prétendues « machinations » des services de sûreté allemands avaient décidé Klein à passer dans la clandestinité : les alertes à la bombe de Stuttgart, la menace de lancer des missiles sur un stade pendant la Coupe du Monde, et la mort d'Holger Meins, prisonnier politique, au terme de sa grève de la

---

1. Chef militaire du FPLP.

faim. Et voilà qu'il découvre, au contact des militants de la RAF, du 2 Juin et des CR, que les deux premières « machinations » sont de leur fait, et même que Holger Meins est peut-être mort sur l'ordre de la RAF : « il nous faut un mort en taule. »

> Je sais pourquoi Holger avait participé à une grève de la faim. Mais était-il également prêt par sa volonté la plus profonde à y laisser sa peau ? Je n'en sais plus rien aujourd'hui.

A ceux qui voudraient développer des interprétations politiques (les « erreurs nécessaires » si chères aux marxistes et qui absolvent tout) ou psychanalytiques, qu'il soit permis de répondre simplement que de tels faits se suffisent à eux-mêmes, n'appellent aucune sorte d'interprétation. Les « symptômes » de la dureté des temps ont vraiment bon dos : laissez-nous vomir en paix ! Les crimes de la guérilla sont autant la guérilla que les crimes nazis sont le nazisme.

Je me souviens de Jean-Paul Sartre revenant de la prison de Stammheim, où il était allé rendre visite à Andreas Baader pour se rendre compte du traitement que subissaient les prisonniers politiques. C'était au lendemain de la campagne sur la privation sensorielle, en 1975. Sartre lui ayant demandé s'il avait le sentiment d'agir au nom du peuple, Baader lui répondit que la classe ouvrière en tant que telle, la classe « pour soi », avait été détruite par le national-socialisme ; mais que sa fonction, à l'époque de l'impérialisme, demeurait celle que lui assignait le marxisme-léninisme et que, précisément, la Fraction armée rouge s'était constituée pour remplir le rôle de cette classe défaite, absente.

Il ne s'agit donc même plus d'une avant-garde autoproclamée agissant au nom du peuple, de la classe, etc., comme bien des pays en ont connu, mais d'un groupe qui, constatant un vide dans le fonctionnement théorique de la lutte des classes, décide de combler ce vide, d'occuper militairement l'espace correspondant. Il est vain, dans une telle logique, de rechercher une morale pratique quelle qu'elle soit : l'action politique appartient à une Histoire qui n'est pas celle des hommes. C'est à une réécriture sanglante de l'histoire humaine que l'on se livre ; les hommes de chair et d'os ne comptent plus, étant hors de la véritable Histoire. Ceux qui, comme Klein, ont croisé ce chemin-là par un mouvement issu d'une sensibilité humaine à l'injustice, sont sommés soit de se laisser entièrement happer par ce messianisme sanglant, soit de prendre le risque de s'en dégager une fois pour toutes.

*Italie : terrorisme social,
escalade et dissidence*

A tous points de vue, social, culturel, politique, l'Italie est sans doute plus proche de la France qu'aucun autre pays. A tel point que cette similitude fait souvent oublier des différences non moins importantes. La gauche française voue au Parti communiste italien, depuis vingt ans, un amour qui confine parfois à l'aveuglement ; plus récemment, l'extrême gauche française a cru trouver un modèle dans un mouvement social qui se montrait capable d'occuper durablement des maisons vides, ou de pratiquer des « autoréductions » sur les factures des services publics, tout cela venant après les fascinants mouvements d'ateliers de 1969 à la Fiat. Seuls, l'extension du terrorisme en Italie et le niveau qu'il y a atteint ont permis de redécouvrir les différences fondamentales qui séparent les deux pays.

La création de l'Etat italien moderne ne remonte pas plus loin qu'à l'unification de la péninsule, réalisée au XIXe siècle sous l'égide de la Maison de Savoie. Contrairement à la France, l'Italie n'a pas vu une révolution jacobine succéder à l'unité nationale d'Ancien Régime, ni se constituer, dès le siècle dernier, une élite bourgeoise nationale pétrie, comme la nôtre, d'une culture laïque et républicaine. De ce côté-ci des Alpes, le sens de l'Etat (identifié à la nation) est inculqué aux enfants dès l'école maternelle, et les technocrates sont formés dans des écoles tout imprégnées d'une idéologie centraliste qui, au-delà même de la République, renvoie à Philippe-Auguste et au Roi Soleil. L'Etat italien est au contraire traditionnellement fragile, la stabilité du pays étant surtout assurée par d'autres institutions telles que le PC dans le Nord, l'Eglise catholique ou la Mafia dans le Sud, l'administration municipale à Rome... Le fascisme italien lui-même n'a pas réussi à constituer ce système unique et rigide dont les nazis allemands avaient trouvé le modèle tant dans le système prussien que dans l'appareil léniniste.

L'immigration, en Italie, est interne au pays ; l'écart de développement économique et social, entre le Nord industriel et le Mezzogiorno, est sans commune mesure avec les différences que connaît la France. La principale force politique de gouvernement, à savoir la démocratie chrétienne, est moins un vrai partie qu'un conglomérat de clientèles diverses, unies par une même volonté de protéger leurs intérêts et de maintenir les leviers de commande hors de portée du plus important parti communiste d'Europe. Celui-ci était resté clandestin et très faible pendant l'entre-deux-guerres, du fait du fascisme. La période de la III⁰ Internationale n'a été vécue que par une poignée de militants, qui depuis ont quitté le devant de la scène. Sa force actuelle tient surtout à ce qu'il apparaît comme l'héritier de la lutte des partisans antinazis, bien plus que des espoirs déçus de la révolution d'Octobre. L'originalité d'Antonio Gramsci, qui fut son premier grand théoricien, n'a pas peu contribué à lui donner une image de parti réellement nationale, gardant ses distances vis-à-vis des volte-faces de Moscou.

La configuration politique de la société italienne est donc bien différente de la nôtre. Aussi le mouvement qui naîtra de la contestation étudiante de 1968, et qu'on a pu qualifier de « Mai rampant », sera-t-il lui aussi différent. Il inventera des formes de lutte sociale qui rompent avec les traditions syndicales, et pour cela mettra en branle deux grandes traditions de radicalité : celle des communistes pendant la guerre de partisans, non dépourvue d'une forte empreinte stalinienne, et celle, spontanée et facilement violente, des paysans du Sud déracinés et brusquement projetés dans les gigantesques usines de Turin ou Milan. L'ampleur et la détermination du mouvement dépassent de loin ce que connaît la France à la même époque, et la violence y affleure d'autant plus aisément que la persistance de groupes néo-fascistes virulents et assez implantés entraîne inévitablement des affrontements politiques et militaires. Sans la « stratégie de la tension » pratiquée par les néo-fascistes italiens en étroite liaison avec une fraction des organes de sécurité et de la magistrature, on n'imagine guère comme le terrorisme d'extrême gauche aurait pu atteindre en Italie les proportions que l'on sait. Mais telle était la situation : un puissant mouvement social de contestation, face à des groupes fascistes militairement actifs et assurés de complicités jusque dans les sommets de l'Etat. Qu'on ajoute à cela le souvenir de la facilité avec laquelle les fascistes avaient pris le pouvoir en 1922, et l'on comprendra mieux comment des milliers de jeunes militants ont pu choisir le « parti armé ».

Sautons quelques années : l'enlèvement puis l'assassinat d'Aldo Moro — le principal dirigeant de la démocratie chrétienne, dont le cadavre sera déposé, en plein centre de Rome, à mi-parcours entre le siège de son propre parti et celui du Parti communiste — marque l'apogée de la stratégie des Brigades rouges : s'attaquer au cœur même de l'Etat, en briser les rouages centraux. Cet assassinat, en portant au plus haut niveau le défi lancé à l'Etat italien, unifia de fait le mouvement terroriste, jusque-là scindé entre ceux qui, partant des luttes sociales existantes, cherchaient à les radicaliser par des actions violentes (par exemple le groupe Prima Linea) et les « brigadistes » proprement dits qui, en fidèles héritiers de la tradition stalinienne, visaient directement le pouvoir d'Etat en choisissant délibérément l'escalade. Une fois Moro tué, on assista à une fuite en avant générale, tous les groupes terroristes s'alignant alors sur les Brigades rouges, tant au niveau des cibles choisies que des méthodes utilisées. Or, le mouvement terroriste comptait en 1977 plusieurs milliers d'activistes — certains disent dix mille —, les prisons italiennes renfermant déjà trois mille inculpés pour des motifs de cet ordre. Aussi conçoit-on que le phénomène terroriste ait pu gagner des secteurs entiers de la société italienne.

A la différence du cas français, et plus encore du cas allemand, en Italie le terrorisme ne s'est pas constitué, de façon extérieure, sur les ruines d'un mouvement désormais coupé des réalités sociales. Une profonde continuité a marqué tout le processus du « Mai rampant », depuis les premiers groupes d'extrême gauche jusqu'aux comités de base d'usine et de quartier, et les terroristes étaient le plus souvent déjà partie prenante dans ces années de bouillonnement social. C'est l'escalade engagée par les Brigades rouges qui impliquera, pour eux-mêmes mais aussi pour des groupes militaires plus proches des luttes sociales, un double mouvement d'aggravation des conditions de clandestinité et de passage à des enjeux de plus en plus graves. Cela jusqu'à l'assassinat d'Aldo Moro, par lequel le terrorisme italien cesse de constituer un phénomène spécifique, au sein d'un mouvement social original, et devient comme partout ailleurs un ordre militaire, une nouvelle élite de chevaliers moyenâgeux, une secte qui ne cesse de s'isoler et de se durcir davantage. Cependant que nombre des acteurs d'origine entrent en dissidence, rendent publiques leurs réflexions, appellent à abandonner cette voie sans issue, comme en témoignent ces extraits d'une interview donnée par les dissidents de Prima Linea à Pierre Blanchet, pour *Le Nouvel Observateur*, en septembre 1980...

> *Marcello* : Nous menons une bataille pour arrêter cette spirale infernale dans laquelle évolue le terrorisme, pour interrompre cette longue « nuit des couteaux » où règne en maître incontesté et solitaire le mythe de la vengeance et du sang. Interrompre ne signifie par donner des noms. La délation alimente les frustrations et relance la haine, l'idée de vendetta [...] Nous nous rendions compte que ce que nous avions pris pour le début d'une guerre civile se transformait en

guerre privée entre deux appareils, entre deux armées régulières d'inégale importance : l'armée de l'appareil d'Etat — les forces du général Dalla Chiesa — et l'armée des terroristes.

N.O. : Traîtres pour les uns, criminels pour les autres si vous ne dénoncez pas vos camarades. Il doit être difficile de sortir de cet engrenage...

Marcello : En Italie, le terrorisme ne cessera pas, malgré les arrestations et les dénonciations. Il risque, au contraire, d'être plus féroce encore parce que, pour certains, c'est le seul moyen d'exister. Notre but c'est d'abord d'arrêter la vendetta. Il y a accoutumance à la violence, certains s'y sont faits. On est parti de la violence de masse, de la violence prolétarienne qu'on exaltait sans comprendre qu'elle devait être aussi critiquée. On est arrivé à la violence physique, mortelle, au culte de la chose militaire. Certains en jouissent, d'autres non. Ils en sortiraient s'ils en avaient la possibilité. C'est pour ça qu'il faut une trêve, qu'il faut une amnistie qui permette à des centaines ou des milliers de terroristes ou de sympathisants d'en sortir dignement.

N.O. : Pouvez-vous demander l'impunité totale ? Imaginez que des fascistes aient commis des crimes et qu'ils disent tout d'un coup : nous nous sommes trompés...

Marcello : Nous ne sommes ni fous ni naïfs. Nous voulons simplement que l'Etat italien reconnaisse le terrorisme comme un fait de société. En 1947, le gouvernement italien a accordé l'amnistie à une partie des fascistes. Il s'agissait, disait-on alors, de pacifier le pays. Et après l'automne chaud de 1969, alors que nombre d'ouvriers de la Fiat avaient été dénoncés par leurs contremaîtres pour sabotage, il y a bien eu amnistie générale. [...]

N.O. : Etes-vous prêt à aller en prison ?

Marcello : Cinq ans, oui. Si j'étais sûr de ne faire que cinq ans, j'irais tout de suite.

Alessandro : Je voudrais parler aussi du droit d'asile. En Europe, dans la CEE, le droit d'asile est en danger. Et c'est une question de vie ou de mort. Si les gens ne peuvent sortir de la clandestinité, que peuvent-ils faire d'autre que se recycler dans le terrorisme international ? Il y a des gens qui passent ainsi dans les pays du Tiers-Monde sous influence soviétique. Ils deviennent les jouets de la lutte entre les deux blocs — des sortes de mercenaires rouges.

N.O. : Et vous ?

Marcello : S'il existait un petit pays indépendant, libre, où l'on puisse vivre en toute légalité et regarder s'écouler les jours...

N.O. : Sinon ?

Alessandro : Nous irons en prison.

N.O. : Vous risquez combien d'années ?

Alessandro : Beaucoup.

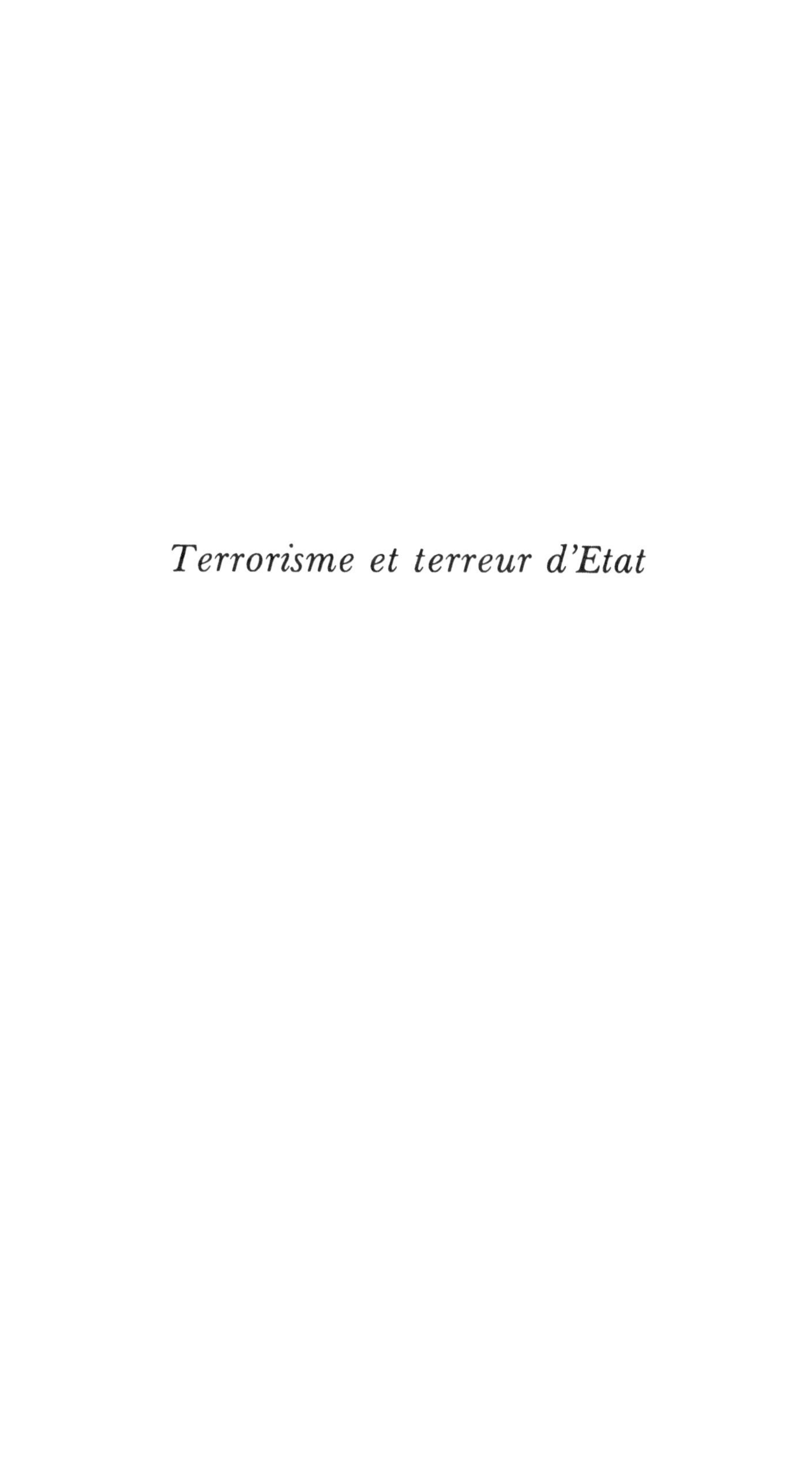

Terrorisme et terreur d'Etat

> *Terrorisme* : système, régime de la terreur, en
> France (1793-1794).
> *Par ana.* : régime institué par certains gouverne-
> ments ou groupements révolutionnaires : *le ter-
> rorisme russe.*
>
> *Lurousse Universel en 2 volumes, 1922*

Le terrorisme n'est pas toujours cette
« arme des pauvres », cet unique recours que
revendiquent pour eux Frantz Fanon dans *les
Damnés de la terre*[1] et Sartre dans sa préface à
ce livre.

Les méthodes du régime nazi ou stalinien,
le bombardement de Guernica pendant la
Guerre civile espagnole, les tapis de bombes à
billes et de napalm répandus par les Américains au Vietnam, la « pacification » d'Alger
par les hommes du général Massu, et bien
d'autres horreurs encore, relèvent aussi du ter-

1. Réédité dans la Petite Collection Maspéro, 1968.

rorisme, mené avec tous les moyens d'un Etat moderne. N'oublions pas la défaite du Japon, en 1945, due à la terreur provoquée par les bombes atomiques d'Hiroshima et Naga-saki : la terreur peut donc être, a de fait été la politique d'Etats modernes, « démocra-tiques ». Dans l'histoire de l'aéronautique, le premier avion détourné fut, en 1957, celui qui amenait Ben Bella, chef du FNL algérien, du Maroc en Tunisie ; et c'est le gouvernement français d'alors, dirigé par le socialiste Guy Mollet, qui inventa cette pratique du détour-nement.

On dira que la terreur règne depuis la nuit des temps dans les pratiques des pouvoirs. Cependant, s'il est vrai que Louis XIV pou-vait envoyer ses régiments de dragons réduire par la terreur une population hérétique, il ne faut pas oublier que, tout en rompant avec la « tyrannie », c'est la Révolution française qui érigera la Terreur en système de gouverne-ment et jettera les fondements du terrorisme moderne. Les manuels d'histoire de France, avec leurs « résumés » entonnés aux enfants de l'école communale, présentent une hagio-graphie de la Révolution française, mère de la République : toute critique est exclue, aban-donnée aux historiens royalistes (du moins jusqu'à une date fort récente).

Pourtant, était-il indispensable, pour démontrer que la monarchie était mortelle, de faire tomber sur le billot la tête de Louis XVI ? La fuite à Varennes n'avait-elle pas suffisamment déconsidéré l'institution monarchique et son représentant ? De même, la chouannerie vendéenne n'était-elle porteuse que de valeurs réactionnaires, quand les valeurs de liberté, d'égalité et de fraternité devaient frayer leur route par la conquête militaire, la mise à sac des villes et des villages, les noyades massives, femmes et enfants compris, dans l'estuaire de la Loire ? Un peu plus tard, viendra Napoléon qui, selon Marx, répandra en Europe les grandes idées de la Révolution française : comment les campagnes et les bourgs d'Espagne ou du Palatinat auraient-ils pu reconnaître leurs libérateurs en ces armées d'occupation ? Même s'il n'y a pas de sens à reconstruire l'histoire, à imaginer une Révolution généreuse triomphant sans verser le sang, il est regrettable de voir l'enseignement officiel de notre école laïque, gratuite et obligatoire exposer ces faits avec insouciance et légèreté. Il n'est pas de bonne cause qui permette de se réjouir de telles horreurs. De plus, l'importance du jugement historique porté sur la Révolution française est décisive, car 1789 servira de modèle à tous ceux qui, par la suite, auront à penser une révolution.

La France républicaine n'est pas le seul Etat moderne qui ait été fondé dans le sang et la terreur. La démocratie américaine a certes mis fin à l'esclavage, mais elle s'est aussi construite sur le massacre systématique des Indiens. Ce n'est pas là un drame révolu, limité à une époque où, la croyance au « progrès » aidant, nul n'était gêné de voir la civilisation s'édifier à la pointe des baïonnettes, grâce à force charges de cavalerie. Car Hollywood a transformé ce passé en glorieux monument, et la nostalgie de cette Amérique des pionniers tient encore une place considérable dans la vie politique des Etats-Unis. De John Wayne à la campagne électorale de Reagan, ce folklore reste bien vivant, malgré le petit renversement culturel qu'ont amené la lutte contre la guerre du Vietnam et les mouvements écologistes, et qui a fait surgir, sur les écrans et dans les bandes dessinées, le mythe symétrique du bon Indien, défenseur de la nature et des valeurs éternelles, contre les envahisseurs blancs.

Israël, face aux Palestiniens, se présente aujourd'hui comme l'Etat anti-terroriste par excellence, capable de mener les opérations les plus spectaculaires et efficaces, comme à Entebbe. Il n'en demeure pas moins que Begin, actuel chef du gouvernement, fut lui-même à l'heure de la fondation d'Israël un terroriste ; il mena des opérations sanglantes contre l'armée d'occupation anglaise et, surtout, son groupe — l'IRGOUN — porte la responsabilité du massacre de Deir Yassin, petit village arabe dont les habitants, de tous âges et des deux sexes, furent massacrés — épisode qui marqua le début de l'exode palestinien.

Or, dès que l'on tient que la fondation d'un Etat autorise injustices et massacres, on ne peut plus condamner le terrorisme : on blâme seulement celui des vaincus, et l'on exalte celui des vainqueurs. Il ne s'agit plus d'une morale des nations, mais d'une politique des Etats. Certes, la vie politique nationale et internationale n'est pas à la veille de se fonder sur une conception morale ; c'est bien pourquoi la question de la liberté, ou de la fraternité, ou des Droits de l'Homme, ne peut être abandonnée aux Etats et aux institutions qu'ils ont créés à cette fin. La liberté ne peut être que l'affaire de ceux qui se refusent à abandonner le devenir de l'humanité aux intérêts dominants. D'ailleurs, le terrorisme ne sera jamais éradiqué par la puissance technologique des polices, fussent-elles internationales et dotées de pouvoirs exceptionnels, voire eux-mêmes terroristes. Pour peu que le terrorisme visé ait une base de masse, leurs méthodes mènent à vider l'eau, sans jamais attraper tous les poissons : la population en souffre davantage que les activistes qui s'appuient sur elle. Et, dans tous les cas, l'affrontement du terrorisme et du contre-terrorisme a pour principale victime la population. Qu'est-ce qui distingue pendant la guerre d'Algérie les barbouzes qui tuent et torturent, de l'OAS qui tue et torture ? La couleur de la peau du torturé ? Le nombre des victimes ?

La logique du terrorisme, c'est qu'il finit par reprendre à son compte les valeurs contre lesquelles il a pris les armes ; la logique du contre-terrorisme d'Etat, c'est qu'il adopte volontiers les méthodes de ceux qu'il combat. Contre cela, il n'existe qu'une issue : ne pas abandonner à la loi des armes le terrain qui doit être occupé par les initiatives des citoyens. La guerre, selon Clausewitz puis Mao, n'est que la continuation de la politique par d'autres moyens ; mais ces autres moyens transforment les hommes qui les emploient et ceux qui les subissent : aux uns une prétendue transcendance de l'action, aux autres l'asservissement vis-à-vis de leurs protecteurs.

Ceux qui transgressent le tabou de la vie et de la mort deviennent des êtres à part, saoulés par le pouvoir que donnent la possession d'une arme et la capacité de tuer, et que renforce le sentiment d'impunité lié à l'anonymat. Celui qui, même en acceptant de risquer sa vie, s'arroge le droit de dispenser la mort pour parvenir à ses fins, celui-là ne vit plus dans le même monde que ses semblables. Clandestin, étranger parmi les siens, il s'éloigne des sources de son engagement premier et se soucie avant tout, de sa survie. Faux papiers, logement clandestin, coups de main pour se procurer de l'argent : c'est le mode de vie, et de mort, du grand banditisme ; de là à en partager les mœurs et l'idéologie, il n'y a pas loin. Seuls y échappent, semble-t-il, ceux qui ont adopté ce mode de lutte contre une armée étrangère et restent plus enracinés dans leur peuple que ne sont les occupants : ces derniers apparaissent alors comme les véritables terroristes, tandis que les premiers ne font qu'anticiper sur le soulèvement général. L'usage systématique des armes se trouve alors légitimé par la présence oppressante d'une armée d'occupation pratiquant la terreur. Mais la terreur d'Etat n'appelle pas non plus forcément la lutte armée comme unique réponse : le processus d'éviction du fascisme en Grèce, au Portugal ou en Espagne, ces dernières années, est là pour en témoigner.

Certes, aucune action visant à transformer une société ne présente de garantie « tous risques ». Et sans ceux qui transgressent la morale admise et les lois, écrites ou non, nous vivrions dans la paralysie. Mais c'est déjà tout autre chose que d'élaborer, dans l'isolement d'un individu ou d'un petit groupe, une stratégie qui implique de faire passer à l'état de guerre toute une population. Odieuse, la passivité, oui ; mais quelle passivité forcée entraînent, pour le plus grand nombre, des pratiques qui confisquent tout le territoire où une action serait possible ! Le passage à la lutte armée démasque l'Etat, cela est vrai ; mais, du même coup, il l'introduit partout où il n'était pas directement présent. Les espaces de liberté de l'existence privée et de la vie locale sont, l'un après l'autre, occupés. L'Etat qui n'était encore qu'en haut s'infiltre partout, la police se fait omniprésente, le citoyen devient informateur ou se réfugie derrière sa porte, se ferme à tout échange social. Les enchères montant, la moindre initiative se heurtera à l'Etat, qui chaque fois mettra en jeu son autorité et sa puissance. La plus petite victoire naguère à portée de main d'une collectivité devient impossible, chaque lutte ayant directement pour enjeu le pouvoir d'Etat. Tout ou rien : le plus souvent, ce sera rien — et le contraire ne serait pas moins inquiétant, car quel « tout » naîtrait donc d'un bain de sang ?

Il est des Etats qui n'ont pas eu besoin de terrorisme pour devenir terroristes, mais ce n'est pas le cas de l'Europe actuelle. De même, aux Etats-Unis, le passage à la clandestinité des Weathermen, au début des années soixante-dix, les a sortis de leur micro-milieu universitaire ; ils ont alors rencontré Monsieur Tout-le-monde, avec ses problèmes et ses aspirations propres, et en ont tiré la conclusion qu'ils devaient se dissoudre en tant que groupe armé. Il était assez tôt encore pour pouvoir le faire : la logique du terrorisme et du contre-terrorisme n'avait pas envahi tout l'espace social, et ce n'était pas là leur but.

Certes, « l'Etat opprime et la loi triche », comme dit *l'Internationale,* mais pas uniquement : en démocratie, la loi permet aussi au citoyen d'être protégé. Le terrorisme, quel que soit son bord, exacerbe la fonction répressive de l'Etat au détriment de ce rôle de protection des libertés individuelles : ce qui débouche sur l'Argentine ou l'URSS, dont les citoyens sont totalement démunis face aux abus de pouvoir des agents gouvernementaux.

Faut-il être non-violent ?

Préparer par le terrorisme l'avènement d'une société nouvelle, c'est l'inscrire, dès sa conception, dans l'ordre du sanguinaire. Les mentalités qui se forgent dans le travail de gestation se retrouvent à l'œuvre par la suite. Cependant, l'ancienne tradition du tyrannicide contraint à nuancer ces vérités générales et à examiner les situations concrètes, car bien des menées terroristes se réclament plus ou moins directement de cette tradition et s'en font un alibi.

Voilà des millénaires que simples citoyens, moralistes, historiens ou théologiens s'interrogent sur le tyrannicide. Mettre à mort un tyran pour donner ou rendre la parole au peuple : ici, la visée ne transcende-t-elle pas l'acte ? De Jules César ou des Pisistratides à l'amiral Carrero Blanco ou à Somoza, la question ne peut être éludée : quand un personnage politique incarne, à tel moment, le mal absolu, n'est-il pas légitime de le supprimer physiquement ? Face aux tsars de la Russie du XIXe siècle, Lénine avait réglé le problème au nom de l'efficacité : le tyran sera remplacé par un autre, mais la source de la tyrannie ne sera pas tarie. Cette réponse générale ne rend cependant pas compte de toutes les configurations historiques ; il arrive bel et bien que la disparition d'un homme modifie réellement, profondément, le cours des choses.

Ainsi, alors que la machine soviétique était ainsi faite qu'elle aurait subsisté sans Staline, il n'est pas certain que la machine nazie eût survécue au meurtre de Hitler. Bien plus concrètement, puisqu'on ne récrit pas l'Histoire, nous avons l'exemple tout proche de la liquidation, par les militants basques d'ETA, de l'amiral Carrero Blanco, chef du gouvernement fasciste espagnol et successeur désigné de Franco. Cet acte a été populaire parmi les peuples d'Espagne, et il ne fait guère de doute que le passage du franquisme à la démocratie « bourgeoise » aura été facilité par la disparition de ce personnage qui contrôlait tout l'appareil d'Etat. Peut-être faudrait-il donc, exceptionnellement mais sans trahir l'exigence morale — car ce crime en a effectivement empêché d'autres —, approuver ici la décision de tuer. Pourtant, il faut aussi tenir compte de tout le contexte qui seul a permis de mettre ce bourreau hors d'état de nuire. En effet, il existait alors en Espagne, depuis des années, des groupes pratiquant activement le terrorisme politique, et c'est l'ensemble de ce dispositif qui a servi de base à la liquidation de Carrero Blanco : de toute évidence, celle-ci prend par là un sens tout différent de celui qu'elle aurait eu si l'exécution de l'amiral avait été un acte isolé. A ce que la cause démocratique en Espagne a ainsi gagné, il convient de confronter, dans le bilan d'ensemble, des années de terrorisme et de contre-terrorisme avec leur coût en vies humaines, en années de prison et de torture, ainsi que la dépossession, pour la population, de la possibilité d'intervenir dans une vie publique dominée par l'affrontement entre les groupes armés et l'Etat. Le prix à payer pour la liquidation de Carrero Blanco n'est donc pas seulement le sacrifice de leur vie librement consenti par ceux qui y ont participé directement, c'est aussi la situation de tout un pays, quand toute la scène est occupée par le terrorisme et la répression. Et, quant aux résultats, si cette exécution a indéniablement accéléré la mise en place d'un mode libéral de gouvernement, qui dira ce qu'elle a aussi renforcé dans les structures les plus fascistes de l'Etat espagnol, et notamment des forces de répressions ? Nous sommes à la fin du XXe siècle, bien loin des *narodniki* lanceurs de bombes, ou de Ravaillac poignardant Henri IV : le degré de la technicité avec lequel sont défendus les personnages publics impose à ceux qui cherchent à les liquider des formes d'organisation sophistiquées, elles-mêmes menaçantes pour les libertés.

Certes, il y a pire encore : ce n'est pas simplement le décalage dans le temps qui fait que j'ai ressenti de l'espoir en apprenant la mort de Carrero Blanco, et que celle d'Aldo Moro m'a atterré. Le principal démocrate-chrétien italien et le principal fasciste espagnol, ce n'est pas la même chose. Et les crétins qui, le jour de l'effondrement de la dictature des colonels et de son remplacement par un régime libéral, distribuaient des tracts intitulés « La CIA change son homme de main à Athènes », témoignent de la pire des maladies de la pensée : ils sont devenus incapables de partager la joie de tout un peuple, à l'heure où s'ouvrent les portes des camps. Mais, précisément, de telles aberrations amènent à s'interroger aussi sur le cas plus complexe de l'assassinat de Carrero Blanco, à examiner de plus près la logique qui y était à l'œuvre.

Le premier communiqué d'ETA, revendiquant l'exécution de Carrero Blanco, insiste d'une part sur la volonté du groupe de venger neuf camarades mis à mort par le régime franquiste, et mentionne d'autre part la position de Carrero Blanco comme « chef de route » du régime, « garant de sa continuité et de sa stabilité [1].

1. Cf. *Opération « Ogro »*. Le Seuil, coll. « Combats », 1974.

Le communiqué n° 2 ne parle plus que de la « juste riposte à la vague de violence que son gouvernement [celui de Carrero Blanco] a infligé au peuple basque et à laquelle neuf militants d'ETA ont dû de perdre la vie ». Et, surtout, il conclut :

> Nous sommes fermement décidés à persévérer dans la même ligne d'action si la répression continue à s'acharner sur les travailleurs et le peuple d'Euzkadi. Nous frapperons de nouveau le pouvoir fasciste, en choisissant les personnes, les lieux et les instants qui sembleront les plus propices.

Cette situation montre que le contexte dont je parlais n'est nullement secondaire mais avait, déjà au moment de l'action elle-même, la plus grande importance pour ETA.

Certes, à aucun moment, s'agissant des peuples d'Espagne et en particulier du peuple basque, il n'est possible d'évacuer les horreurs du franquisme, les massacres et les tortures, les exécutions au garrot, la guerre totale menée contre les militants de la liberté. Je ne saurais non plus laisser de côté mon respect pour ceux qui, dans les pires conditions, ont choisi d'agir, plutôt que d'attendre que Franco meure et que le jeu des forces internationales transforme la société espagnole. Mais respecter des combattants, admirer leur abnégation, haïr leur ennemi, cela ne doit pas signifier, bien au contraire, taire son refus de leur stratégie ou de certains de leurs actes. En cette matière, le silence a toujours favorisé le pire, et d'autant plus que le courage même de tels militants a aussi pour corollaire de les transformer en femmes et en hommes hors du commun, ce qui ouvre la porte aux plus effrayantes tentations. « Nous autres communistes sommes des hommes d'une trempe à part », affirmait Staline dans son discours pour l'enterrement de Lénine : on en vient vite, à partir de là, à considérer les autres comme des êtres inférieurs, des objets à manipuler, de la piétaille : c'est ainsi que, de toujours, pense la caste militaire.

La concentration entre les mains d'un seul personnage d'un pouvoir criminel peut rendre nécessaire sa liquidation, et le point de vue éthique ne saurait recommander de laisser en paix les tyrans et les bourreaux, à l'abri dans leurs bunkers et protégés par leurs sbires. Mais rien non plus ne légitime le terrorisme comme système de combat ordinaire, fût-ce à l'encontre d'un tel régime. Il ne s'agit pas de refuser le sang dans l'abstrait, au nom des grands principes ; arrêter la main du bourreau, même par des moyens sanglants, est parfois un impératif absolu. Mais décréter la terreur comme mode régulier, voire exclusif, de la lutte, c'est s'installer dans la symétrie, c'est annoncer un monde qui, secrété par celui que l'on veut abattre, finalement n'en diffère en rien. Ce siècle ne l'a que trop montré : il ne suffit pas de vouloir libérer l'humanité pour reléguer les camps de la mort dans le passé et, en ce domaine, ni l'idéologie, ni l'appartenance de classe, ni le programme politique ne mettent à l'abri du pire.

N'étant croyant d'aucune religion, je ne trouve nulle part une notion du bien et du mal toute prête, fournie par une doctrine. Mais je constate que le génocide est le mal absolu de ce siècle, qu'il prouve l'existence du mal, qu'il montre aussi combien l'horreur peut dépasser les intentions initiales de ceux qui voulaient transformer le monde. C'est pourquoi j'estime indispensables, à défaut d'une conscience nouvelle que ce monde de famines et de massacres ne peut guère produire, des règles morales et des interdits. Ceux-ci ne peuvent être issus que des expériences du passé, ils sont donc provisoires, sujets à révision si de nouveaux éléments apparaissent, ils ne seront pas intangibles pour les hommes à venir, que l'on peut espérer plus véritablement humains que nous ne sommes aujourd'hui.

Le nazisme et le génocide industriel n'étaient pas envisageables avant le XXe siècle : aussi n'est-il pas acceptable d'agir, ni d'ailleurs de subir, sans se donner le minimum d'assurances que l'on ne chausse pas ainsi les bottes sanglantes de ceux qui ont écrit l'histoire de ce siècle. Non, les tyrans ne doivent pas pouvoir massacrer dans l'impunité, et je n'accepte pas l'idée que les dignitaires nazis meurent dans leur lit, sans avoir dû rendre compte de leurs infamies. Mais, jusque dans ce cas extrême, tout n'est pas licite. Nous ne sommes plus, c'est clair, en 1945, quand venaient d'être libérés les camps de concentration nazis et que l'Europe et une grande partie du monde étaient encore sous le choc de cette horreur. Aussi, par exemple, juifs et non-juifs n'ont-ils pas aujourd'hui la même vision de l'histoire de ce siècle. Si l'on prétend agir au nom de l'humanité et non par vengeance, il est essentiel que les actes posés gardent la juste mesure de ces écarts de sensibilité. Toute action doit porter en elle-même l'éclairage nécessaire sur le passé, c'est-à-dire le nazisme, et sur le présent.

Se vouloir porteur de l'humanité contre l'inhumain : cette terrible ambition impose une pratique d'une rigueur absolue. Celui qui, les armes à la main, pose le sens de ses actes à hauteur de l'Universel, doit se soumettre à une morale non moins stricte, qui seule, au demeurant, peut donner quelque garantie que la lutte soit menée sans erreur sur les cibles et sans dommages pour les populations. L'oppression et l'exploitation ne font pas de leurs victimes des ayants-droit, et surtout ne confèrent aucun droit sur la vie et la mort.

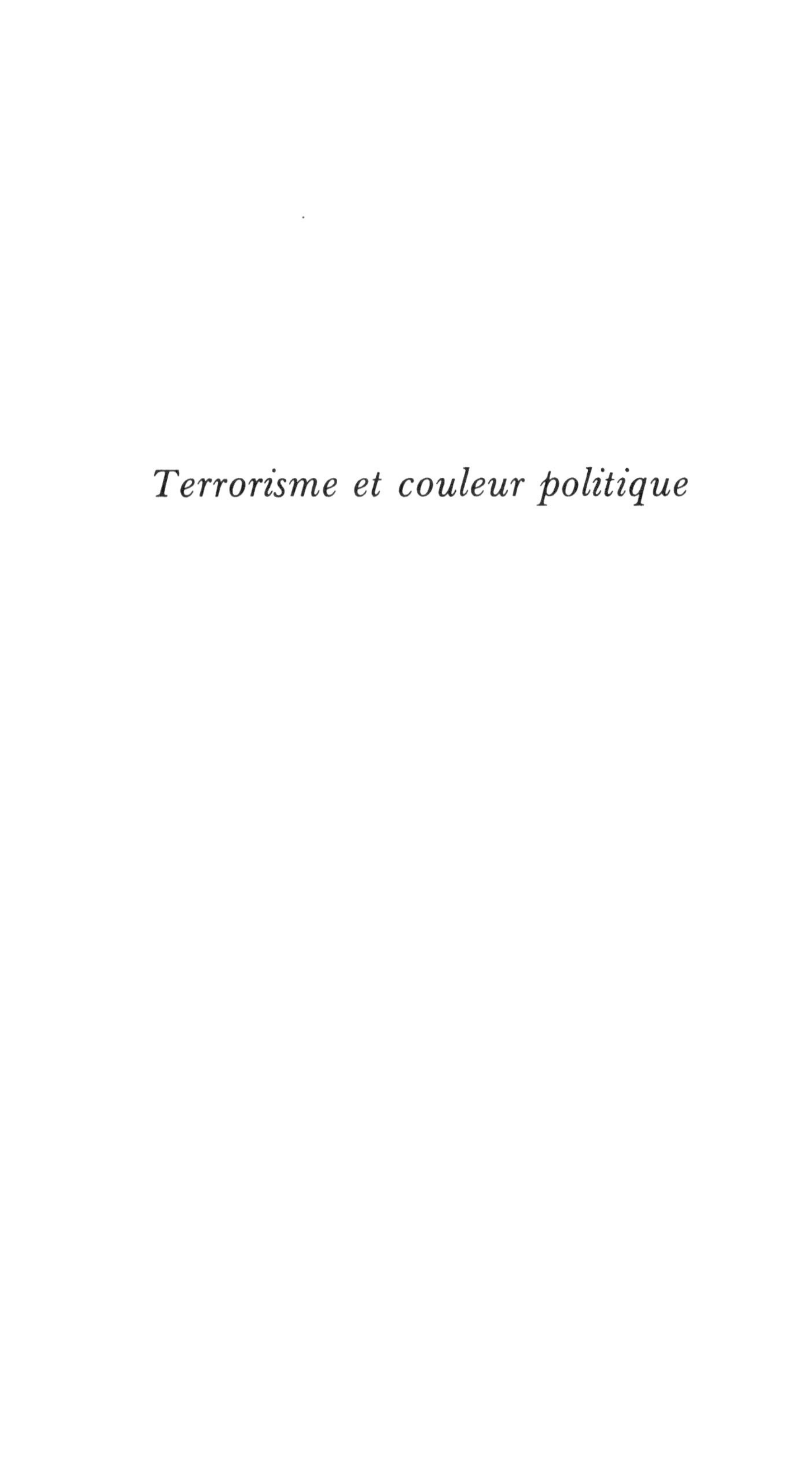

Terrorisme et couleur politique

Terrorisme de gauche, terrorisme de droite ? Autant les groupes armés d'extrême gauche, issus des mouvements des années soixante, tiennent à marquer la différence, autant les Etats qui se veulent, contre le terrorisme, les représentants du consensus national entendent l'effacer. La thèse du complot international, d'un Kadhafi subventionnant, armant et entraînant alternativement les bandes rouges et les noires, apparaît souvent pour appuyer cette façon de tout ficeler dans le même sac ; de là à supposer des complicités directes, le pas est allégrement franchi par des organes de prese où les enquêtes confinent parfois au roman d'espionnage.

Il est certain que le conflit du Proche-Orient contribue pour beaucoup à brouiller les cartes ; par exemple, la gauche et la droite françaises, vis-à-vis de l'État d'Israël, ne sont pas clairement opposables comme elles le sont habituellement. Pendant la guerre des Six

Jours, on vit des antisémites notoires soutenir Israël. C'est qu'au lendemain de la guerre d'Algérie, la haine anti-arabe pouvait pousser des antisémites à de telles positions. Hitler lui-même n'avait-ils pas, d'ailleurs, envisagé la création d'un Etat juif à Madagascar ? Et Israël est assez loin pour que l'on puisse éviter de faire le rapport entre le général juif qui met en déroute des armées arabes, et le petit tailleur juif de Belleville.

Mais la situation au Proche-Orient n'est pas l'unique cause de cette apparente désorientation. Nous vivons une époque où les grands repères à l'aide desquels s'expliquait l'ordre du monde se sont brouillés : camp socialiste et monde libre, opprimés et oppresseurs, gauche et droite, rien de tout cela n'est plus à sa place habituelle dans le système d'oppositions hérité de 89. Notre siècle est celui où camps nazis et goulag soviétique sont venus se confondre dans l'inhumanité, jusqu'à susciter d'hallucinants, d'étranges débats comptables : le marxisme, devenu idéologie d'Etat, compte-t-il à son passif plus ou moins de morts que le fascisme ? Faut-il porter au bilan les victimes de la misère et de la faim, et sous quelle rubrique ? D'autres problèmes encore témoignent de ce brouillage : ainsi, l'opposition entre droite et gauche garde-t-elle la moindre valeur face à la montée des régionalismes et des particularismes nationaux ?

Le terrorisme fige les camps en présence, comme toute action qui condense la réalité en un lieu et un temps réduits à l'extrême ; peut-il être appréhendé en fonction de la couleur politique qu'il revendique ? Certains critères sembleraient, à première vue, pertinents pour distinguer entre terrorisme de gauche et de droite : il est classique d'affirmer que le terrorisme de gauche s'attaquerait à des symboles clairement identifiables de l'oppression du peuple, tandis que le terrorisme de droite, faute d'une base de masse même virtuelle, aurait pour objectif de déstabiliser les Etats par tous les moyens, afin de provoquer l'extension du champ d'intervention de la police, voire de l'armée. Ainsi, le projet de l'OAS française était clair : par quelques attentats aveugles, susciter une réaction populaire, en espérant que, face à l'impuissance des moyens normaux de la police et de la justice, face surtout au risque d'un puissant mouvement de gauche, la hiérarchie militaire franchirait le Rubicon et prendrait le pouvoir. Un attentat suffisait pour que la gauche et la police s'affrontent dans la rue, et les chefs de l'OAS espéraient tirer tout le bénéfice de cet affrontement de deux forces ennemies — ce qui les mena à la provocation de Charonne [1]. Leur analyse achoppa sur la

1. 6 tués par une charge de police au métro Charonne, suite à un attentat qui rendit aveugle la petite Delphine Renard, fille de la concierge de Malraux, alors ministre.

réaction populaire, en particulier celle du contingent, au putsch d'avril 1961 à Alger, et sur la fermeté dont fit preuve par la suite le gouvernement gaulliste dans l'épuration des chefs militaires.

En Italie, plus récemment, ont été tentées des opérations analogues, toute une fraction de la police et de la magistrature essayant de faire passer pour des attentats anarchistes ce qui était le fait des fascistes. Un projet de coup d'Etat avorta *in extremis*, alors que certains chefs militaires et policiers étaient sur le point d'occuper le Quirinal. L'extrême droite itlienne entendait conjuguer l'héritage du fascisme des années trente avec la stratégie latino-américaine du *pronunciamento*, à une époque où subsistaient en Europe des régimes fascistes ; celui des colonels grecs, notamment, voyait d'un fort bon œil le projet d'un régime italien à la fois fort et « moderne ».

Cette démarche visant à faire confondre des actions venues de la gauche et de la droite, loin de rester une hypothèse d'école, a donc été tentée ; et toute une part de l'opinion a pu s'y tromper[1]. Plus généralement, il est parfois difficile de nos jours d'attribuer avec certitude

---

1. Par exemple, l'attentat à la bombe contre la synagogue de la rue Copernic à Paris n'a eu une telle résonance que parce qu'il mettait à jour l'espace de l'antisémitisme en France. Qu'il soit le fait de l'extrême droite française, de ses amis européens ou d'un agent de tel ou tel régime arabe, cela ne change évidemment rien pour les victimes, ni pour ceux qui se sont sentis attaqués.

une action à l'extrême droite ou à l'extrême gauche [2]. Une des raisons les plus dramatiques en est que certains terroristes d'extrême gauche se sont prêtés à ce jeu et ont accompli des opérations qui, classiquement, relevaient de la terreur fasciste ; ainsi, des bombes furent déposées dans des consignes de gare par des groupes de l'extrême gauche allemande. Toute l'opinion de gauche crut à une provocation policière — jusqu'aux révélations de Klein. Il est sans objet, ici, de parler de « bavures » : comment, après avoir toujours affirmé que les bavures policières révélaient les tendances profondes de l'Etat, pourrait-on ainsi compter pour rien les « excès » militaires de l'extrême gauche ? Aussi faut-il chercher plus profond, tenter de comprendre l'origine même de telles pratiques, venant du terrorisme de gauche.

Un élément essentiel, dans la pensée de cette gauche qui est passée à l'action militaire, puis terroriste, est l'idée qu'il faut démasquer le fascisme que dissimulent les apparences libérales de la démocratie bourgeoise. Etant admis que la bourgeoisie, une et indivisible,

Pour la police et le gouvernement, si cela « vient de l'étranger », ils pourront se tenir quitte du dossier de l'antisémitisme en France.

2. En France, l'opération maoïste contre le député de Grailly, considéré comme l'un des responsables du scandale financier des abattoirs de la Villette en 1970, fut discutée, parce qu'elle faisait suite à une campagne de la presse de droite.

change de forme politique au gré de ses intérêts, on dénoncera son masque démocratique, qui paralyse l'initiative prolétarienne. Une fois déchiré le voile et brisé un consensus social trompeur, le fascisme latent deviendra visible et le prolétariat, jusque-là assoupi, pourra accomplir sa mission historique antifasciste ; il reconnaîtra alors comme son avant-garde les premiers à avoir osé prendre les armes. Au-delà même de toute critique politique ou historique de ce schéma stratégique, il convient d'observer que son étonnant simplisme a été considéré comme encore trop complexe par certains, qui n'en ont retenu que le premier objectif : briser à tout prix le masque démocratique. Et qui dès lors, sans plus chercher à éveiller en même temps l'initiative d'une fraction des masses, se sont lancés dans l'action pour l'action.

Pour ces reîtres des années soixante-dix, la vertu d'une action se juge à qui l'accomplit et à l'idéologie qui l'inspire, nullement à ses effets : peu importent les dégâts de la bombe, si c'est la bonne classe ou le bon camp qui l'a lancée. Critiquer la prise d'otages de Munich, par exemple, c'est se désolidariser des Palestiniens, donc faire le jeu des sionistes et de l'impérialisme américain ; et, de la part d'un intellectuel, c'est révéler sa vraie nature de classe... Mais cette position, qui n'accorde de valeur qu'aux déclarations d'intention, rend possibles tous les mensonges et toutes les manipulations. Aussi devient-il à peu près impossible de savoir, par exemple, si le GRAPO, organisation espagnole, est de gauche, ou de droite, ou simplement noyautée par une fraction fasciste de la police.

Or, si l'on cherche à ranger dans des catégories les actions terroristes, c'est au contraire la nature de l'action et non son origine politique qui doit être considérée comme ayant un sens. Une prodigieuse différence de nature sépare la bombe qui frappe sans discernement et terrorise la population, de l'exécution individuelle qui atteint le symbole de toute une politique. Mais souvenons-nous que le terrorisme moderne n'est pas né dans les toutes dernières années. Il est de fait qu'un Carlos, au service du FPLP palestinien et vraisemblablement agent du KGB, a en 1974, lancé une grenade dans un drugstore parisien, tuant aveuglément [1] tout comme les assassins fascistes de Bologne ou de Munich pendant l'été 1980 ; mais déjà les attentats anarchistes du début du siècle s'en prenaient aux consommateurs des grands cafés parisiens, avec pour intention de stigmatiser le luxe des boulevards face à la misère. Et, si Carlos s'attaquait au drugstore pour des raisons toutes autres — parce que c'était la propriété d'un juif —, le plus important n'est pas, en dernière analyse, l'intention initiale mais bien le résultat, à

1. 2 morts et 33 blessés.

savoir la mort de ceux qui avaient le tort de se trouver là, et les réactions de la population.

Que l'on pense aussi aux bombes dans des cafés qu'ont à de nombreuses reprises posées les militants irlandais, rendant responsables des conséquences les autorités qui, prévenues par téléphone, n'avaient pas procédé à l'évacuation. Il ne s'agit là de rien moins que de faire vivre toute une population dans l'insécurité permanente, d'étendre l'état de guerre à toute la vie civile, et cela jusqu'en Angleterre même : dès lors que les Anglais maintiennent leur armée en Irlande, l'angoisse doit s'installer chez eux aussi ; le métro de Londres devient territoire de chasse permanent, et l'on compte même un attentat meurtrier contre une usine, aux heures de travail des ouvriers.

Le cynisme atteint d'ailleurs ici un niveau étonnant : lorsque l'attentat sera mal accueilli parmi ses sympathisants, l'IRA désavouera, selon un procédé inspiré par la réprobation qu'avait suscitée, en 1972-73, l'offensive des « provos » en Angleterre. De même, en Allemagne ou en Italie, de nombreuses bombes n'ont pas été revendiquées : cela signifie clairement que, dès le début d'un projet, on accepte l'hypothèse que son résultat soit impossible à assumer, compte tenu de l'image que l'organisation militante veut donner d'elle-même. L'obscurité du sens politique des actions terroristes peut donc être voulue, déli-

bérée, et cela rappelle de sinistres épisodes :
aujourd'hui encore la responsabilité, nazie ou
soviétique, des massacres de Katyn où des milliers d'officiers polonais furent abattus à la
mitrailleuse n'est pas établie avec une certitude absolue. Russes et Allemands avaient
intérêt à la liquidation de la Pologne et des
cadres de son armée, comme en témoigne le
pacte germano-soviétique. Et ni les uns, ni les
autres ne peuvent être innocentés au nom de
leur pureté morale, c'est le moins qu'on puisse
dire.

L'IRA et d'autres groupes en sont bientôt
venus à pratiquer le terrorisme pour lui-
même. A force de devoir par tous les moyens
légitimer des attentats, on finit par leur attribuer une vertu intrinsèque... En France, à
une bien plus petite échelle, la violence et
l'illégalisme ont parfois été un critère essentiel
au lendemain de Mai 68 ; cela est très grave,
même s'il s'agissait d'actions à caractère de
masse et non des opérations d'un petit groupe.

Seule une morale politique peut constituer
une frontière solide contre la perversion militariste, y compris dans les cas où cette morale
elle-même implique le choix de moyens militaires : pendant la Seconde Guerre mondiale,
la terreur nazie accompagnait les troupes allemandes dans tous les territoires qu'elles occu-
paient, et il n'y aurait aucun sens à dénoncer
la responsabilité des résistants dans la terreur

subie par la population. Face à ce mal absolu qu'était le nazisme, le principe de résistance ne se discute pas : l'action découle alors du plus simple principe d'humanité, tandis que l'inaction est immédiatement collaboration. Il reste que, même alors, chaque opération doit contenir sa propre moralité, qui n'est pas fournie directement par le contexte de la guerre. Ainsi, les trop nombreux actes de vengeance qui ont accompagné la Libération ne peuvent-ils tous être absous au nom des souffrances antérieures de la population. Les femmes déshabillées, tondues, martyrisées devant des foules hilares dont une bonne part, la veille encore, applaudissait les autorités de Vichy, étaient victimes de la même lâcheté que les martyrs de le veille. Et, pour en revenir au propos initial, y a-t-il encore des gens pour revendiquer ces actes comme « de gauche » ?

On a souvent soutenu que les excès, les bavures, ne pouvaient être condamnés ou absous qu'en fonction de la situation politique d'ensemble où ils étaient apparus. Cette théorie a le mérite de récuser ceux qui, trouvant toujours quelque chose à redire à tous les mouvements, justifient ainsi leur inaction. Mais elle a le grave inconvénient de soustraire à toute condamnation les pires exactions, pourvu qu'elles aient été commises au nom d'une juste cause ; et ce n'est sans doute pas un simple hasard si Mao Tsé Toung cite, comme exemple de tel « excès », le viol des femmes de propriétaires fonciers au cours de mouvements de paysans. Le risque est alors, après avoir dénoncé l'idéologie réactionnaire qui domine le peuple, d'applaudir à toutes les pulsions populaires. Une chose est de considérer que certains excès sont inévitables dans un mouvement sauvage comme une jacquerie, tout autre chose d'exalter cet excès, d'en faire une pierre de touche de l'idéologie révolutionnaire. On sera donc « à contre-courant » dans le cas de masses inertes, mais l'on restera béat, on s'interdira tout jugement, devant n'importe quelle intervention des masses ! Ce débat essentiel a été soulevé chez les « maos » par l'affaire de Bruay-en-Artois, et il fallut Jean-Paul Sartre pour mettre en évidence le risque d'apologie du lynchage auquel tendaient certains articles de *la Cause du peuple*.

Il n'est pas agréable, pour qui a cru avec Marx ou Freud pouvoir renvoyer au musée la morale et l'humanisme, de reconnaître que personne n'a proposé de meilleure garantie pour l'homme et la liberté. Mais le terrorisme, en poussant à l'extrême les conséquences de certaines conceptions, montre quelles ignominies peuvent impliquer de prétendus dépassements. Aussi dirais-je : oui, la morale est souvent répressive ; mais, s'agissant de réprimer des désirs de lynchage ou de génocide, vive la morale ! Il sera toujours temps de la dépasser lorsque de telles pulsions seront elles-mêmes dépassées... Pour ma part, j'abandonne volontiers à leur confort intellectuel ceux qui se contentent de voir dans le terrorisme une nécessité historique, ou le symptôme du désir de mettre à mort une société elle-même mortifère... De tels jugements « objectifs », scientifiques, distanciés, désincarnés, s'ils ont souvent permis des charniers, en revanche n'ont jamais affranchi une seule victime. Ils ne s'alimentent que de l'incapacité des forces politiques, trop occupées à gérer une réalité injuste pour se préoccuper de l'injustice.

C'est vrai : il n'est pas très exaltant de travailler à reconstruire pour la énième fois une pensée de la liberté, de la fraternité active et chaleureuse, après la débâcle des partis qui se sont institués propriétaires de ces idéaux. Mais, face à la thérapeutique de la bombe, je préfère infiniment m'atteler à cette reconstruction des principes essentiels « de gauche », quand bien même ce serait vouloir vider la mer avec une petite cuiller. L'ignominie du socialisme réel ne peut s'effacer à la mitraillette, et la flamme des bûchers n'a jamais été le moyen de régénérer une société, si corrompue soit-elle. Aujourd'hui la mitraillette et le SAM-7, demain le détournement d'une bombe atomique : cela ne résoudra ni la misère des bidonvilles, ni la famine du Tiers-

Monde. Aucun exorcisme, et surtout pas les armes, ne nous épargnera l'indispensable recherche de la pensée et de la pratique qui nous manquent, et auxquelles seule l'activité sociale et politique peut donner le jour. Une opération comme celle du « Bateau pour le Vietnam » contribue à la réinvention de la fraternité, de la solidarité et à la dénonciation de l'intolérable, bien davantage que des dizaines de discours politiciens ou de rafales d'armes automatiques. Le mouvement populaire de Gdansk ou la lutte des dissidents soviétiques portent en eux l'espoir d'une société digne de ce nom, font la preuve que, même au sein du totalitarisme le plus compact, cet espoir garde un sens. De même au Portugal la révolution des œillets, ou en Iran le renversement du Shah, même si nous savons désormais que les chemins de la liberté ne sont pas une voie bien rectiligne et déjà toute tracée.

Le choix de prendre les armes est tout autre chose qu'une décision stratégique ou tactique comme une autre : en s'attribuant le pouvoir de disposer de la vie humaine, qui pour les croyants n'appartient pas aux hommes, même les athées accomplissent une transgression — la transgression par excellence.

Certains aujourd'hui récusent toute morale, entendant se situer au-delà (mais n'est-ce pas plutôt en deçà ?) du Bien et du Mal. Et ils proposent, comme critère décisif d'une action révolutionnaire, son caractère de transgression. Mais qu'est-ce donc qu'on transgresse, sinon une loi ? Et qu'est-ce qu'une loi s'il n'est pas de morale ? On ne peut prôner la transgression, sans reconnaître du même mouvement une loi.

Or, à moins de rapporter la loi au décret d'une Puissance Supérieure, il faut dire que les hommes la constituent à chaque instant, au sein de leur pratique individuelle ou collective, en opérant des choix, en traçant des lignes de démarcation, en rejetant comme transgression ce qui jusque-là n'était encore soumis à aucune loi. Une société sans loi et sans morale, c'est là sans doute la nostalgie d'un rêve mystique — étranges matérialistes.

Peut-être est-il décevant de devoir constater que l'humanité vit toujours dans l'ère de la morale et de la loi. Mais, en ce siècle de camps, de famines et de guerres mondiales, est-il vraiment si rétrograde de mettre en place des garde-fous, de choisir librement un code et d'en assumer la responsabilité ? Ou encore de se réclamer des libertés formelles, là où le socialisme réel les a abolies et a construit la plus compacte des sociétés répressives ?

Dans le champ des idées pures, tout est possible ; dans celui des sociétés humaines, il en va autrement, et toutes les idées ne se valent pas. Ainsi la réhabilitation du fascisme au nom de la liberté de penser n'est-elle pas tolérable ; ainsi l'idée du recours au terrorisme pour forcer les impasses historiques doit-elle être jugée en fonction de ses conséquences pour les hommes.

Il est vrai pourtant qu'une loi morale risque de maintenir une société dans l'immobilité ; aussi ne prend-elle tout son sens qu'en assumant son caractère provisoire, qu'en se reconnaissant comme destinée à être transgressée. Mais toute transgression n'est pas vertu : il y a aussi une morale de la transgression, qui elle n'est pas révisable au gré des circonstances historiques du moment.

En particulier, la question de l'usage des armes, transgression majeure parce qu'elle implique l'irréversibilité de la mort, ne peut être réglée par le simple refus de la morale. Car elle va bien au-delà de la question de la légitime défense, du caractère offensif ou défensif d'une initiative. Ainsi, soumettre un peuple à la dialectique de la terreur et de la contre-terreur est de tout autre nature que de participer, les armes à la main, à l'éradication d'un pouvoir tyrannique qui a lui-même érigé la terreur en système.

Le pouvoir est corrupteur ; et plus que tout autre le pouvoir de donner la mort. Celui qui prolonge son bras par une arme peut éprouver un sentiment de puissance qui l'amène, bien souvent, à se prendre pour un être supérieur : moins par la force, ce qui est un fait, que par le choix qu'il a effectué. Etre à même, tapi dans l'ombre, de frapper « où on veut, quand on veut » (comme disait l'OAS), il n'est pire source de perversion. Dans une société qui privilégie le spectaculaire, il est encore un autre risque d'ivresse : faire la une des journaux, occuper les écrans de télévision, cela peut rapidement devenir un objectif en soi, le critère d'efficacité effaçant la raison première du choix de passer à la lutte armée. Une atmosphère artificielle se forme, qui peut devenir une drogue pour celui qui craint de redevenir un être humain parmi d'autres, hanté par des questions sans réponses.

Or, les problèmes non résolus ne manquent pas : liberté, démocratie, rapports hommes-femmes, division du travail, bien-être... ; contrairement à l'affirmation de Marx, l'humanité se pose des problèmes qu'elle ne peut résoudre dans l'immédiat. Et forcer, les armes à la main, une réalité qui résiste ou se dérobe, constitue un viol. Le recours à la mitraillette, en vue de déplacer les frontières de ce que ne peut immédiatement réaliser l'humanité, ne garantit nullement le succès mais porte, au contraire, une dégradation des valeurs dont il se réclame, par oubli du respect dû au rythme des sociétés humaines.

La lutte armée s'attaque à des problèmes sans solution immédiate. En aucun cas cette absence de solution n'est un argument opposable à ceux qui récusent une telle réponse. Car le cortège macabre où le terrorisme entraîne les hommes a toutes chances de les rendre sourds et aveugles, incapables de se saisir, si l'occasion s'en présente, d'une véritable possibilité d'avancer.

Janvier 1981.

ANNEXE 1

Des déserteurs du terrorisme témoignent

Interview par J.-M. Bouguereau de deux dissidents du groupe Prima Linea, publiés par *Libération* en octobre 1980 (extraits)

*Libération : Comment expliquez-vous le développe-
ment du terrorisme en Italie ?*
Y : Il ne faut pas oublier le degré de violence des luttes sociales. Lors de la dernière convention collective,
il y a encore eu, à la Fiat, des formes de lutte qui res-
semblaient plus à des actions terroristes qu'à des
manifestations syndicales.

Je me rappelle avoir participé à des manifestations
ouvrières où on défilait armé de barres de fer pour
aller massacrer les commerçants qui ne fermaient pas
le jour d'une grève générale. Il n'y avait rien d'anor-
mal à cela, d'un côté comme de l'autre.

Ce qu'on a appelé *« terrorisme diffus »* était
l'expression de cette violence permanente à l'intérieur
du corps social. Enormément d'actions armées ont été
organisées, localement, sur des motivations particulières, sans lien avec les *« organisations combattantes »*.

X : Mon premier petit attentat je l'ai fait comme
beaucoup à 14 ans, avec un cocktail. J'étais alors un
type très silencieux, incapable d'exprimer autre chose
que sa radicalité. Et je n'étais pas plus exalté qu'un
autre. Des centaines de gens faisaient ça, allant massacrer les fascistes ou mettre le feu à un magasin.

Il y a même eu des bombes déposées à l'occasion de manifestations : le cortège arrivait devant le siège de la démocratie-chrétienne et repartait après avoir déposé un engin explosif. Et les affrontements par balles dans des manifestations ? On ne s'en souvient pas parce que, miraculeusement, il n'y a jamais eu de morts. Mais, à Milan, une bonne cinquantaine de personnes tiraient pendant les manifs de 1977. Toutes les villes un peu importantes ont connu ça.

Le 12 mars 1977, à Rome, sur 80 000 manifestants, une dizaine de milliers pratiquèrent non seulement l'affrontement avec la police mais la guérilla de rue, l'attaque de commissariats, d'armureries. Dix mille personnes, pour Rome, c'est énorme.

— *Quels sont les effectifs des organisations armées ?*

X : La donnée la plus significative, c'est le nombre de prisonniers politiques : il y en a entre 2 500 et 3 000. Cela donne une idée des dimensions de cette aire subversive qui a vécu côte à côte avec la lutte armée.

— *Mais comme membres effectifs ?*

Y: Ça dépend comment tu comptes, car ça ne fonctionne pas comme un parti, au nombre de cartes... Le nombre des « réguliers », c'est-à-dire de permanents, était assez limité, mais il y avait les « irréguliers ».

X : Le « régulier » pouvait être tout seul, mais lié à des dizaines ou des centaines d'autres, mobilisables pour des actions locales. La majorité des actions étaient en effet signée de sigles mineurs : « *Escadrons combattants* », « *Rondes prolétaires* », « *Noyaux combattants* »... Les journaux en ont recensé 200 dont deux ou trois revenaient constamment.

Aux Brigades Rouges, même les actions mineures étaient signées BR, à PL l'objectif était la diffusion sociale de la lutte armée, d'où l'intérêt porté à ces petits groupes.

Y : Pendant toute une période, il y eut, dans les usines, un véritable rapport de délégation à l'égard des *« organisations combattantes »*. Des petits chefs recevaient des lettres anonymes : *« Attention à toi le matin »*. Les organisations armées étaient devenues un *« pouvoir-référence »*. On se reposait sur elles. C'est comme la vieille pratique des menaces sur les murs des W.C., dans les usines. J'ai lu une fois, sur un de ces murs : *« X, Prima Linea te surveille »*, alors qu'il n'y avait personne de l'organisation dans l'usine.

— *Mais Prima Linea, c'était quoi au départ ?*

X : PL ne se concevait pas comme parti armé, mais comme un appareil technique au service des luttes sociales. On parlait beaucoup d'autodéfense ouvrière, de milice ouvrière. C'était un débat public pour des milliers de gens. Mais certaines fonctions politiques ne pouvaient être légales : il fallait frapper un petit chef, menacer une direction d'entreprise, attaquer un dirigeant fasciste. *Prima Linea* s'en chargeait. Mais parfois le nom de l'organisation n'apparaissait même pas, y compris là où notre présence était très forte.

— *Et d'où viennent les membres des groupes armés ?*

X : La différence entre les BR de Turin, celles de la Fiat et celles de Rome, est la clé pour comprendre les deux facettes qui coexistent. D'un côté, les résidus d'un cycle de lutte vieux de 10 ans, celles des OS des grandes usines, de l'autre l'absorption des cadres du mouvement de 1977, issus d'un prolétariat plus récent, plus marginal. Les BR furent pour ces militants le moyen de prolonger — et d'enterrer — ces mouvements.

— *Avec quel objectif ?*

X : Se doter d'une « marche » supplémentaire, une fois consommé l'échec d'un projet politique de masse ; dépasser le caractère éphémère de ces mouvements.

Y : Le mécanisme essentiel, c'était la consolation. On entrait dans l'organisation pour trouver une justification à sa propre permanence politique.

— *Mais le rapport à ces mouvements c'était quoi ?*

X : Ça dépend si on parle des BR ou de PL. Les BR, pendant le mouvement de 77, ne comprenaient rien à ce qu'il se passait. Eux qui, depuis des années, faisaient un travail de taupe, voyaient tout d'un coup des milliers de jeunes qui en faisaient de toutes les couleurs. *Prima Linea*, elle, a été traversée par le mouvement, mais, paradoxalement, il n'en est rien resté alors que les BR en ont récupéré les résidus quand le mouvement est mort. En fait, les organisations armées n'ont jamais su se synchroniser avec les mouvements existants. Elles reproduisent une sorte de mécanisme alterné, d'infiltration silencieuse, puis de critique virulente. Et quand le mouvement disparaît, on en recueille les cadres désillusionnés et on les lance dans le ciel de la politique.

— *Je ne sais pas si vous avez participé à des homicides, à des exécutions, mais on peut en envisager la possibilité. Et vous n'avez pas particulièrement l'air de monstres sanguinaires. Comment en arrive-t-on là ?*

X : Dès que tu fais certains choix, que tu embrasses un certain type de vie, une action armée c'est presque pareil que taper un tract à la machine ou aller le distribuer à une porte d'usine...

— *Il n'y a pas de rupture entre taper à la machine et...*

X : Pas beaucoup. C'était le cas, tant que la lutte armée n'était pas l'unique forme de lutte. L'action armée n'est évidemment pas une chose naturelle : à quelques exceptions près, personne n'est féroce ou violent. Mais c'était un choix et tu devais essayer de le faire de manière décente techniquement.

Evidemment, avec le temps, tu te posais certains problèmes...

Y : Au début, lorsque nous administrions notre bonne dose quotidienne de violence, nous ne nous interrogions pas sur qui nous étions. Le drame a commencé lorsque nous nous sommes posé cette question. Pourquoi ne l'avions-nous pas fait auparavant ? Pas par inconscience. Parce que dans une société de violence dont nous étions partie prenante, la quantité de violence administrée nous semblait largement secondaire.

X : Rappelle-toi, pour comprendre cette logique, la fameuse phrase de Curcio[1] parlant de l'assassinat de Moro comme le *« plus grand acte d'humanité »*... Dans sa logique, les BR ne pouvaient faire que des actes humains.

— *Blesser aux jambes quelqu'un qui est devant toi, désarmé, me semble être complètement barbare.*

X : Tu sais, se battre à armes égales est également barbare, Mais là, il ne s'agit pas de duels chevaleresques, mais d'une violence administrée en fonction d'un raisonnement politique. Et puis, si tu avais des problèmes, il y avait la pression extérieure : il suffisait, de te remettre en mémoire les phrases des camarades, les yeux pleins de larmes de tant de gens qui ont vu tomber un ami, dans une manifestation, pour trouver la force nécessaire. Et en Italie, ce ne sont pas des mots : des morts, il y en a eu.

---

1) Renato Curcio : figure principale des Brigades Rouges, emprisonné depuis plusieurs années. Il prononça cette phrase lors de son procès à Turin, peu après l'assassinat de Moro.

— *Ceux qui tuent se livrent à ce genre d'exercice mental ?*

X : Certainement.

Y : La plupart des gens ne sont pas des tueurs, ils doivent d'abord se convaincre.

X : Au moment où tu administres la violence, tu dois y mettre, paradoxalement, une charge d'humanité, d'humanité renversée. C'est comme ça que tu trouves le courage d'être violent.

— *Il y a quand même une différence entre lancer un cocktail molotov et tuer un fasciste...*

X : Non, c'était une différence secondaire. Au contraire, les plus frustrés étaient souvent ceux qui ne lançaient que des cocktails et n'arrivaient pas à administrer une violence à la mesure de ce qu'ils ressentaient.

Y : Finalement, ceux qui avaient le plus de problèmes, c'étaient les exécuteurs. Les autres, qui ne faisaient que discuter, réclamaient souvent une plus grande violence.

— *Tuer encore plus ?*

X : Oui, dans certains cas.

Y : L'une des discussions les plus dures je l'ai eue à l'occasion d'une manifestation en 1977. Il y avait eu un affrontement assez bref avec la police. On avait dû tirer pour protéger le cortège. Les responsables de la fusillade ont été violemment critiqués parce qu'ils avaient demandé de tirer en l'air pour intimider les policiers. Certains estimaient qu'il aurait fallu en laisser sur le carreau, « *pour leur faire la leçon* ». Cette exigence de violence était très forte à l'intérieur du mouvement et pas seulement à l'intérieur des groupes armés. Et c'est quand elle a disparu que certains d'entre nous ont commencé à se demander qui ils étaient.

— A la lecture des confessions de Peci [2]*, tu t'aperçois qu'au moins dans la dernière période, les **BR** étaient devenues une véritable entreprise de mort. Il y avait des gens qui préparaient les objectifs et puis ceux qui tuaient. Une véritable société anonyme.*

X : Les BR utilisaient aussi une symbolique précise. Dans les commandos contre les dirigeants de la Fiat, il y avait toujours un ouvrier de la Fiat ou d'une grande entreprise. Une sorte de matérialisation du prolétariat à l'intérieur du commando.

Y : Dans ce cas, tu as encore une personnalisation de l'ennemi, l'ouvrier est là pour « jambiser » son chef de département, son ennemi direct, mais il est là comme figure, comme symbole. Ce n'est déjà plus un rapport de violence direct, comme celui de l'étudiant qui, devant son école, attaque un fasciste qui le harcèle depuis des mois. Maintenant, l'abstraction de l'ennemi de classe est plus grande encore. C'est là que commence l'inversion de tendance de l'acte de violence.

X : Il est plus facile de s'identifier à quelqu'un qui donne un coup sur la tête d'un fasciste qu'à quelqu'un qui tue. Les BR avaient cherché à réduire cette différence en remplaçant la « jambisation » par de vieilles pratiques datant de la résistance : la colle ou la peinture sur les cheveux, l'exposition publique avec

---

2) Patrizio Peci était le dirigeant de la « colonne » turinoise des *Brigades Rouges.* Arrêté au début de cette année, il noircit des pages et des pages de protocole dans lesquelles il raconte minutieusement toute une série d'actions des Brigades Rouges, dénonçant la quasi-totalité de ses anciens camarades. Quelque temps plus tard, un ancien membre de *Prima Linea,* Roberto Sandalo, fait des aveux similaires, accusant le président du conseil, Cossiga, d'avoir aidé à la fuite de Marco Donat-Cattin, lui aussi membre de *Prima Linea,* et fils d'un dirigeant démocrate-chrétien.

un panneau autour du cou... Des tentatives, sur le seul plan de la forme, pour opérer un ajustement entre la fin et les moyens et faciliter l'identification.

— Il n'y a jamais eu de gens qui, au dernier moment, ne se sont pas sentis en mesure d'accomplir un acte de violence ?

X : Non, pas à ma connaissance, ou bien par peur personnelle, mais pas par horreur de la violence.

Y : Autour de 1977, il y a eu un énorme débat sur ce que signifiait le passage de la « jambisation » à l'homicide politique. Car, au départ, il faut s'en souvenir, les morts étaient rares. Ils ne sont devenus une chose quasi-quotidienne qu'après l'affaire Moro.

X : Aujourd'hui l'homicide lui-même est banalisé. Et à mon avis on risque d'assister de plus en plus au développement d'une spontanéité homicide, de la part de secteurs « désagrégés » de la lutte armée. La mort est devenue un signe distinctif, une manière de manifester sa volonté combattante. Cette dégénérescence risque de se poursuivre à moins d'une défaite militaire totale, à peu près inconcevable.

[...]
Libé : C'est avec l'affaire Moro que tout commence à changer ?

Y : L'après-Moro marqua le dépérissement des raisons sociales de la lutte armée. De ses racines, indéniables en Italie, et de sa légitimité politique.

X : Pendant longtemps, la lutte armée n'avait été qu'une forme de lutte, elle devenait LA forme de lutte. Le débat est devenu de plus en plus stérile, coupé de la réalité, concentré sur l'organisation d'actions de plus en plus difficiles à réaliser, face à un état qui, lui, réagissait plus facilement. C'était un cercle vicieux : vu les risques croissants, tu devais mettre sur pied, pour une action tout à fait classique, une organisation bien plus considérable.

Avant, la guérilla diffuse était une réalité. Il y a une caserne de carabiniers de la banlieue de Milan extrêmement célèbre, car elle a été attaquée 12 fois et par des groupes divers entre 1977 et 1979... A partir d'un certain moment, ce genre d'actions s'est arrêté. Les attentats mortels se sont multipliés — une quinzaine pour le début de l'année 80 — alors que dans le même temps il y avait 500 actions en moins, des actions de moindre importance mais qui formaient la substance de cette « guérilla diffuse ». Et c'est cette dissociation croissante qui a donné naissance à la crise des « organisations combattantes ».

Y : A Rome, Adriana Faranda et Valerio Morucci qui étaient parmi les dirigeants de la « colonne BR » font alors scission [3]. Et à partir de là, tout une critique restée souterraine émerge peu à peu du silence.

— *Et à l'intérieur de Prima Linea ?*

X : Il y avait toujours eu deux courants, comme dans toutes les organisations, ceux qui voulaient toujours plus structurer le groupe et ceux qui étaient plus attentifs aux mouvements sociaux, donc plus disponibles à remettre en question l'organisation.

— *Mais les désaccords s'exprimaient comment ?*

X : Ils ne s'exprimaient pas vraiment. Les opinions divergentes étaient rampantes, minoritaires, se traduisant par des attitudes de pure et simple passivité, où le silence devenait une arme politique.

— *Il y avait un débat politique dans les BR, il n'y en avait pas à Prima Linéa ?*

X : Moins.

— *Pourquoi ?*

X : Parce que les paroles n'y avaient aucune signification. PL était une organisation faible, structurellement, mais elle l'était plus encore du fait du matériel humain qu'elle employait. Au départ les expériences sociales des gens étaient importantes, puis il y a eu un dépérissement, l'organisation est devenue une autre, sans même s'en apercevoir. Et les gens se sont fait triturer par cette structure. Ils sont restés seuls face à elle. Chaque militant de PL vivait cette énorme solitude. Quelques-uns pouvaient essayer de s'en sortir en se souvenant de leur passé politique. Mais il n'y avait plus, formellement, de mythologie collective comme c'est le cas aux BR où la mythologie de l'OS, de celui qui travaille à la chaîne, confère à l'organisation une certaine capacité de détermination.

Par chance, à PL, il n'y avait pas cette mythologie, mais, du même coup, il n'y avait plus rien ; l'unique critère à travers lequel quelqu'un pouvait devenir dirigeant, ce n'était même pas la capacité militaire, le courage — aucun de nous n'avait ces capacités — mais « l'esprit d'organisation », la fidélité à la cause et à la machine, dans la mesure où les idées sont toujours des machines. D'où l'exaltation de toute une série de catégories vides — comme la dureté — qui ne prenaient un sens qu'à l'intérieur du non-sens de ce fonctionnement de machine.

[...]

Libé : Quelles sont les lectures des gens dans les groupes armés ?

X : Il n'y en a pas...

L : Les gens ne lisent pas ?

X : Non, la lecture principale, c'est les illustrés...

[...]

Libé : Et les discussions entre les gens, c'est quoi, à part la politique ?

Y : Tout, mais ça dépend avec qui tu es. Il y a des gens qui entretiennent des rapports d'autorité et qui changent de comportement s'ils se trouvent en face de quelqu'un qui est leur supérieur ou peut influer sur leur vie. Ils se cachent.

— Mais on discute de questions personnelles ?

X : On parlait de tout mais ce qui n'avait pas droit de cité dès qu'on parlait de soi, c'était tous les sentiments « faibles », la tristesse, la mélancolie, l'incertitude... Ces attitudes là étaient bannies. On passait souvent d'une hilarité artificielle et bruyante — une hilarité de carabins — à une rudesse des comportements. La dureté, la froideur, la capacité de contrôle étaient une sorte « d'exaspération opérationnelle » réservée au « travail », l'hilarité ostentatoire le reste du temps, une hilarité toujours sécurisante.

Par contre, il n'y avait pas de place pour toutes les sensations profondes et irrationnelles, tendres, délicates. Ce qui fait qu'il n'y avait pas non plus de place pour l'amour, sinon quand il était formalisé, dans un rapport de couple classique...

— Avec une fixité des couples ?

Y : On tendait à ça, comme on tendait à des couples de grade égal...

— De grade égal ? Un dirigeant de l'organisation ne pouvait pas aller avec une militante ?

Y : Difficilement, à moins de la faire monter en grade. On a connu un cas de ce type...

[...]

Libé : Tu avais toujours peur ?

X : Dans les actions ? Toujours.

— Mais les gens le disaient qu'ils avaient peur ?

Y : Non, penses-tu.

X : Moi, je l'ai toujours dit. Mais ce n'est pas pareil de le dire quand, de toutes manières, tu fais les choses.

Y : Les néophytes, évidemment, le disent moins.

X : Il faut dire qu'au début les gens avaient moins peur : les actions étaient différentes. Tu allais brûler les stocks d'une usine la nuit, ou incendier une voiture, tu avais le sentiment que ce que tu faisais était plus inséré dans une action de masse.

[...]

Libé : Mais ce militarisme, par quoi se traduisait-il dans les comportements quotidiens ?

X : Par le culte des armes, par exemple. D'instruments techniques, elles deviennent des moyens, puis des fins, puis une religion. On se préoccupe de leur marque, du modèle, de la graisse et du pinceau pour les nettoyer. J'ai même vu quelqu'un, avant une action, en train de nettoyer ses balles, une à une, et de les huiler amoureusement...

Y : ... ou celui, morbide, qui les incisait pour que ça fasse vraiment mal.

X : Puis il y a le culte du calibre — plus c'est gros mieux c'est — surtout de la part des jeunes qui ne savaient même pas s'en servir mais voulaient avoir des « monstres » avec des balles comme ça (geste de la main) : Le culte du P 38 ou du barillet, lié à la subculture ignorante du mouvement. A côté de ça, il y avait les spécialistes qui savaient ce qui était important et ce qui ne l'était pas.

Mais le militarisme, c'est une certaine conception du militantisme, où la vie elle-même s'organise comme au régiment, Une analogie avec le service militaire me frappait, cette camaraderie formelle baignant dans un optimisme sécurisant et entretenant un certain type de concurrence : à celui qui fera la meilleure blague et maintiendra le mieux le moral de la troupe. Avec, comme à l'armée, l'élimination progressive des timides et des mélancoliques. Il n'y a pas de place pour eux, car ils sont immédiatement considérés comme un poids pour le bon moral du régiment. C'est une déformation militariste typique qui cherche dans une existence de bande, exubérante et bruyante, un forme de sécurité substituant une vie intérieure impossible. Alors, inconsciemment, il faut marginaliser ceux qui pourraient faire poser une atmosphère peut-être plus triste mais sans doute plus vraie, correspondant de toute manière beaucoup plus à ce que les plus bruyants doivent, au fond, ressentir intérieurement. Avec comme corrolaire, le culte de la virilité.

[...]

Libé : Entre vous, vous reparlez des actions que vous avez faites ?

Y : Jamais, ça ne me plait pas de reparler de ça. Ça ne m'a jamais plus. Sinon sous une forme : l'ironie. J'ai toujours adoré les situations grotesques et, dans la lutte armée, il n'en manque pas, à l'intérieur de choses sérieuses ou tragiques.

X : Ça nous ennuie rien que de nous souvenir avec quelle minutie, avec quel luxe de fioritures, certains des délateurs d'aujourd'hui se complaisaient dans le récit détaillé de telle ou telle action en les grossissant comme des faits d'armes.

[...] *Libé : Qu'avez-vous pensé lors de l'attaque en décembre 79 de cette école de Turin où Prima Linea pratiqua pour la première fois la décimation* [3] *?*

R : D'abord qu'ils s'étaient trompés d'adresse (Rire). S'ils avaient voulu attaquer la Fiat, ils auraient dû aller à l'école qui est à deux pâtés de maison plus loin. Alors que là, ils se sont attaqués à un cours universitaire normal.

L'autre réaction ce fut l'horreur face au mécanisme de décimation utilisé. Ils ont pris les papiers des gens, et avant de tirer sur eux, ils ont vérifié la profession. Parmi ces gens là il y avait un sympathisant du « Manifesto » [4] et un vieux camarade, syndicaliste dans une petite localité près de Turin.

---

3. Attaque contre une école de cadres industriels au cours de laquelle 10 personnes sont « jambisées », 5 étudiants et 5 enseignants.

4. Manifesto : groupe né d'une scission de gauche du PCI.

— Pour moi, ce mécanisme de décimation évoquait une exécution d'otages fascisante...

X : A cette différence près que les fascistes auraient sans doute visé les gens indistinctement. Alors que *Prima Linea* est une organisation à la fois formaliste et ignorante : pour eux, ce n'est même pas la « dangerosité » sociale d'un individu précis qui définit l'ennemi de classe, c'est uniquement la fonction qu'il détient.

— Et puis il y avait ces dialogues entre les membres du commando et leurs victimes...

Y : Il y a une exaltation caractéristique de ce genre d'opération, liée à la puissance que te confère le fait d'avoir des armes à la main. Quelqu'un nous a raconté que le commando était reparti en voiture en brandissant ses armes à la fenêtre : une image reprise de lectures infantiles sur la guérilla latino-américaine...

— Mais dans les dialogues avec les otages, s'exprimait un invraisemblable mépris des gens.

X : Le mépris, c'est la conséquence. La cause c'est l'autogratification exaspérée. C'est comme ce membre du commando qui expliquait à ces futures victimes le fonctionnement et l'utilité de sa Kalachnikov en leur disant : « voilà une arme magnifique... »

— Ce jour-là, un des otages demandant la pitié des membres du commando et expliquant qu'il était venu suivre ces cours parce qu'il était chômeur, s'était vu répondre quelque chose comme « la seule solution, pour vous, c'est la lutte armée... »

Y : C'est le typique sectarismse de ces camarades qui ne peuvent plus enregistrer un phénomène social que par rapport à la lutte armée. Ce n'est pas pour rien que nous avons parlé de logique de secte.

— Tu décris le phénomène, tu ne l'expliques pas. Qui sont les gens qui font ce genre d'actions ?

X : Des gens normaux, des gens du mouvement. C'est la logique des blocs opposés. Si tu te convaincs que l'Etat tout entier, puis que toute la société civile n'est qu'un dispositif de guerre régulière, il est « logique » d'en arriver là. Le problème c'est qu'il s'agit d'une logique de guerre moderne qui, en investissant tous les pores de la société, fait entrer des éléments de médiation. La réduction terroriste est une vision extensive de la guerre. Ils la voient partout. Et tout le reste représente des formes d'arriération à l'intérieur d'un horizon de guerre régulière, pratiquée les armes à la main.

— *Votre désaccord avec la lutte armée s'est formé comment ?*

X : Chacun de notre côté, progressivement. C'est une évolution qui s'est poursuivie sur deux ou trois ans. Pendant une période on pouvait croire que la dégradation était transitoire. Notre choix a mûri sur un arc de sept mois à un an, lorsque nous nous sommes rendus compte que ça aboutissait à une structuration de type « marxiste-léniniste ».

— *Que se passait-il pour les gens qui doutaient et qui, parallèlement, devaient continuer à faire des actions militaires ? Il y avait des crises de conscience ?*

Y : Certainement. Ne serait-ce que parce que nous n'avons jamais considéré l'action purement militaire comme la chose la plus importante. Même si tu retenais nécessaire de faire certaines choses, pour récolter de l'argent par exemple.

— *Des hold-ups ?*

Y : Oui, et ça, tu continuais à le faire alors que la bataille politique interne était devenue féroce.

— *Mais aussi des actions armées, des « jambisations » ?*

Y : Oui, si tu pensais que c'était juste, tu le faisais. Mais il ne faut pas croire que les actions étaient imposées d'en haut. C'était toi aussi qui décidais.

— *C'est en discutant de la banalisation de l'homicide que votre point de vue critique s'est formé ?*

Y : En général les discussions ont lieu sur les morts que tu subis, celles qui te touchent, pas sur celles que tu choisis. La considération pour la mort des autres commence à exister quand sa quantité et son caractère indiscriminé deviennent évidents.

En réalité, nous avons commencé par mettre en question le bain de sang, à l'intérieur du projet de guérilla, puis c'est le projet qu'on a mis en question.

X : Morts « justifiées » et morts « injustifiées » : on essaye de sélectionner. A partir de cette tentative pour conférer à la mort un caractère exceptionnel, on arrive peu à peu à raisonner sur la mort en général et sur sa signification à l'intérieur de n'importe quel projet de transformation sociale.

— *Vous avez longtemps discuté avant de décider de « déserter » ?*

X : Non, pas vraiment. Pourtant nos dernières vacances on les avait passées ensemble, mais on n'avait pas parlé de politique...

— *?*

X : ... Parce qu'on en avait plein le dos. On essayait de se divertir un peu. On avait tous les deux envie de quitter la lutte armée...

Y : ... Mais on n'en avait même pas parlé entre nous. Peut-être parce que ce désir n'émergeait pas complètement.

— *Alors qu'est-ce que vous avez fait pendant ces vacances ?*

X : On s'est baigné, on a lu. Moi j'ai lu la thèse de Marx sur Démocrite et Epicure...

Y : Et moi des livres de Tolkien et Bukowski.

X : Tu sais, on a toujours envisagé la politique comme un travail qui ne devait pas bouffer tout. Ce fut une des valves de sécurité qui m'ont permis de me sauver d'une logique folle...

Y : Moi, c'est pareil, j'étais militant pendant 5 jours, 24 heures sur 24, et après j'allais en week-end.

X : ... On disparaissait avec les excuses les plus banales. Car les autres avaient tendance à faire coïncider leur vie personnelle et celle de l'organisation. Ceux qui n'ont pas eu ce souci sont maintenant les plus vulnérables à l'effondrement de leurs certitudes. Tous ceux qui ont pratiqué la lutte armée savent qu'il y a des moments de la vie comportant des tensions largement supérieures à la moyenne. Alors, il faut scinder un minimum ta vie...

— *Comment vous êtes vous finalement décider à quitter Prima Linea ?*

X : Tout s'est joué lors d'une réunion, en 1979, qui avait pour but de mettre sur pied une direction nationale de *Prima Linea*...

— *Il n'y en avait pas ?*

X : Non, il y avait des structures de coordination, mais *Prima Linea* n'était pas vraiment une organisation au sens classique.

En convoquant cette réunion, le « noyau dur » des PL voulait accélérer ce processus. Des gens assez divers y avaient été convoqués — et pas seulement des gens de *Prima Linea,* mais aussi des gens extérieurs ou des militants des « Rondes » [5] — que ce « noyau dur » avaient retenus « papabile » pour cette hypothétique direction.

Un des participants proposa d'en faire la réunion de constitution d'une direction. Ceux qui étaient là se levèrent les uns après les autres dans une atmosphère d'église, pour faire leur acte de soumission publique

5. Les « Rondes prolétaires de combat » étaient des structures armées de quartier et d'usine d'abord indépendantes de *Prima Linea,* puis formellement intégrées, dans la dernière période.

au « noyau dur ». Pour nous cette réunion ne pouvait être tout au plus qu'une confrontation. A ce moment-là, chacun pour nous, nous avions décidé de quitter l'organisation. Les autres essayèrent de nous proposer de faire des actions afin de vérifier — sur pièces — notre disponibilité à leur projet. Il était évident que nous n'avions plus rien à nous dire. Finalement, on est parti et c'est là, en quittant cette réunion, qu'on a vraiment discuté pour la première fois.

On était un peu perdus, on n'avait plus envie de continuer, mais on n'avait pas les idées très claires. En tout cas, on ne voulait pas abandonner sans s'expliquer directement avec ceux qui nous étaient proches. Essayer de restaurer un ultime morceau de vérité. En discutant avec tous les gens, on s'est rendu compte que beaucoup pensaient comme nous, et voulaient rompre avec cette histoire. Sans ces discussions, ils seraient partis sur la pointe des pieds, la tête basse, avec le malaise et la honte qui entourent ce genre de départ...

— *Quel malaise ?*

Y : Quand tu pars comme ça, on te reproche toujours ta lâcheté, ton manque de correction, ta peur...

X : On a découvert un phénomène de démotivation dont on n'imaginait pas les dimensions. Alors qu'on venait de décider d'abandonner toute responsabilité, on en retrouvait d'autres : relancer un débat dont le besoin se faisait sentir, mettre sur pied des possibilités de fuite pour ceux qui ne voulaient plus continuer. Jusqu'à ce document, signé « Pour le communisme » avec un « c » minuscule, qui est paru au mois de mai dernier [6].

6. « Pour le communisme » : c'est sous ce sigle qu'un certain nombre d'anciens membres de groupes armés lancèrent en mai dernier un appel à la « désertion » (Voir encadré).

— *Pourquoi l'exil à l'étranger ?*

Y : A terme, il n'y a pas d'autres possibilités. Sinon, un type de clandestinité forcée qui replongerait dans le même cercle vicieux. Pour faire subsister tous ces déserteurs, il aurait fallu organiser une dizaine de hold-ups par an...

— *Des déserteurs, combien y en a-t-il ?*

X : De l'ordre de plusieurs dizaines si on ne compte que les clandestins, plus d'une centaine si l'on compte les autres.

Y : Seulement, quelques-uns d'entre nous avaient des fonctions dirigeantes à l'intérieur des organisations combattantes, la plupart proviennent de structures parallèles de la lutte armée, les « collectifs d'usine », les « Rondes »... Il y a quelques personnes issues des **BR**, mais beaucoup d'entre nous étaient issus de la mouvance de PL.

— *Quelle était votre idée en lançant cet appel ? Recréer une nouvelle organisation ?*

X : Non, surtout pas, c'était plutôt un signe de reconnaissance, pouvant regrouper des gens isolés issus de situations diverses.

— *Vous vous cachez depuis près d'un an. Craignez-vous aussi d'être victime de règlements de compte, si vous alliez en prison ?*

Y : Les organisations armées ont déjà donné assez de preuves de leur mépris pour les minorités et de leurs méthodes staliniennes. Après avoir essayé sans succès la carotte et le bâton, puis l'insulte, ils sont passés aux menaces de mort.

Quelles menaces ?

X : Il suffit de lire les journaux. Un communiqué des prisonniers de Cuneo vient tout juste de mettre dans le même sac délateurs et déserteurs. Nous serions des *« instruments de la contre-guérilla psychologique »*. Ils ne comprennent pas que si notre analyse est radicalement différente de la leur, elle l'est aussi de celle des délateurs, à l'égard desquels nous ne nourrissons pas de haine personnelle mais un mépris profond.

— *Vous craignez vraiment que ces menaces soient mises à exécution ?*

Y : Dans les prisons, il y a maintenant un climat de plus en plus barbare, conséquence de ce sectarisme qui traverse les organisations armées. Et ce climat a déjà fait des victimes.

— *Des gens ont été tués ?*

X : Pour parler d'un cas que nous connaissons, il y a le camarade Cimierie, tué en janvier dernier à la prison de Turin. Une mort qui nous a énormément peiné et révolté...

Y : D'autant que rien ne prouve que ce camarade, tué d'un coup de couteau par un détenu de droit commun, ait été un délateur.

— *Mais sa mort a été revendiquée comme l'exécution d'un délateur ?*

X : en partie. Et ses camarades, qui sont liés à un groupe armé anarchiste, ont absolument nié, lors de leur procès, qu'il ait été un délateur.

— *Cela veut-il dire que vous n'êtes pas contre les représailles contre les traîtres ?*

X : La trahison n'existe pas, c'est une invention. Il n'y a rien que l'on puisse trahir. Il y a des délateurs, mais parler de traîtres renvoie à une conception fidéiste de l'histoire qui n'est pas la nôtre. Quand aux délateurs, il y en a deux sortes. Les petits délateurs et les « délateurs de la couronne », ceux qui ont fait ça scientifiquement, et qui, avant, étaient des « militaires » et, souvent, parmi les plus cruels. Nous n'avons aucun désir d'administrer encore, à notre tour, des « peines extrêmes » à leur égard, mais nous n'avons évidemment pas la moindre compréhension pour eux...

[...]

Libé. : Quelle est votre vie, aujourd'hui ?

X : Pour moi, une vie de concentration et de souvenirs. Hier soir, j'entendais une vieille chanson à la radio et je n'arrivais pas à détacher ces bouts de chant de fragments de ma vie passée. C'est un symptôme qui nous poursuivra jusqu'à ce que nous trouvions une autre vie, humainement acceptable. Jusque-là nous serons obligés de supporter une sorte d'emprisonnement sans barreaux.

— *Tu penses beaucoup au passé ?*

X : Oui, mais je n'arrive pas vraiment à penser. Je vis des séquences présentes comme si elles me renvoyaient au passé...

— *De la nostalgie ?*

X : Je ne crois pas : la nostalgie est une force de conscience systématisée d'un passé que tu as perdu. Dans mon cas, c'est plutôt l'irruption incontrôlée et constante d'images de la vie passée.

Si on reprend les postulats des groupes armés, la clandestinité doit te permettre, au moins par médiation politique, de vivre la richesse des rapports humains d'une classe sociale. Pour être francs, cela, nous ne l'avons jamais vécu, ni avant ni aujourd'hui. Au contraire, ce qui nous a fait quitter la lutte armée, c'est de voir la solitude croissante, personnelle et politique, dans laquelle se retrouvaient ceux qui avaient fait le choix. Notre drame aujourd'hui, c'est que pour rompre cette solitude nous sommes contraints à une solitude plus grande encore. Contraints, pour notre malheur, d'accepter les méthodes de clandestinité des groupes armés sans le faire au bénéfice d'un projet politique. Nous sommes des clandestins désarmés, à tous les sens du terme.

— *Vous n'avez plus d'armes ?*

X : Bien sûr que Non.

— Et cette clandestinité forcée, vous arrivez à vous y conformer ?

Y : Non, on enfreint des règles élémentaires. Celle qui veut qu'on ne sorte pas le soir par exemple...

— En un an, avez-vous l'impression d'avoir beaucoup changé ?

X : On a une vie plus humaine. *Prima Linea* nous a accusés de nous amuser et c'est vrai qu'on s'est amusé. Si on veut danser, maintenant, on peut danser, ou aller à un concert. Même si la politique reste importante pour nous, elle ne décide plus de toute notre vie. Nous y avons gagné la possibilité de réfléchir et de mieux comprendre, de l'extérieur, certaines choses...

Y : ... Une plus grande attention à la sensibilité des gens que tu fréquentes, à leur vie, à la tienne aussi.

— Quelle est la chose la plus dure pour vous ?

X : La lutte armée (rires)...

Y : ... Tout le reste nous manque, nos amis, nos parents, nos amours, la richesse de certaines complicités politiques.

Sur le plan affectif, ça change beaucoup de choses. Pour nous qui avions plutôt des relations « informelles », la clandestinité nous oblige à la stabilité, à l'introspection, réduisant tout à des rapports de couples.

— Et votre plus grande peur ?

X : La crainte d'être arrêté. Cette peur, nous l'avons ressentie il n'y a pas longtemps, alors que nous ne faisions absolument rien : nous n'étions pas armés, nous n'avions pas de faux papiers, nous étions tranquillement assis dans un jardin public (rires), et, à côté de nous une voiture banalisée est passée, avec une lenteur exaspérante. Dedans, quatre visages menaçants nous fixaient. C'est là que tu mesures ton désarroi, l'écroulement de tes systèmes de défense.

Avant, ce risque tu le connaissais, tu l'assumais. Aujourd'hui, ce genre d'incidents tu le vis comme une violence qui t'est faite.

— *Vous avez des remords ?*

X : Nous sommes dans la situation de gens qui ont dépensé des années de leur vie — et fait dépenser d'autres vies — dans la mise sur pied d'un scénario de guerre et de mort dans lequel nous ne nous reconnaissions pas. Ce que nous ressentons c'est un remords d'abord politique avant d'être personnel. Celui d'avoir contribué à mener sur une route erronée la lutte de dizaines de camarades. Ce pour quoi je reviendrais volontiers en arrière, ce n'est pas tellement la violence que j'ai personnellement administrée que le processus déformé auquel nous avons collectivement contribué.

Nous avons toujours prétendu être au centre du débat, nous voulons maintenant reprendre une position excentrique. Notre référence, les gens avec qui nous voulons parler, ceux envers qui nous avons des dettes, ce n'est pas le « Prolétariat » avec un grand « P », ce sont les prolétaires qui ont été à l'origine de notre expérience. Car nous ne sommes pas le produit d'une idéologie aberrante — l'idéologie aberrante est venue après — nous sommes les produits d'un processus social. Notre problème c'est de briser l'isolement que nous avons ressenti. Et d'introduire aussi des germes d'autocritique parmi les travailleurs qui, pendant longtemps, ont non seulement eu une attitude de complaisance mais aussi de délégation, à notre égard. Nous nous vivons toujours comme communistes...

— *Ça veut dire quoi dans votre bouche ?*

X : Je saurais surtout dire ce que ça ne veut pas dire. Nous croyons malgré tout en ce cordon ombilical qui fait que nous ne sommes pas passés de l'autre côté de la barricade, pas plus que nous voulons nous retirer dans la vie privée.

— *Vous n'avez pas le sentiment de vouloir retrouver un lien avec votre passé, par l'emploi d'un jargon ,*

Y : Notre jargon a déjà pas mal changé. Et dans notre recherche d'une certaine transparence, nous n'avons pas d'autre langage. La lutte des classes, nous y croyons toujours. Mais le prolétariat pour nous, c'est aussi Bien les camionneurs de l'Ohio que les homosexuels de San Francisco.

— *Et s'il n'y avait rien de commun entre eux ?*

X : Ce serait notre drame.

« Pour le communisme »
et... la désertion

Au mois de mai dernier, un document était rendu public à Turin, invitant pour la première fois les membres des groupes armés à « *abandonner collectivement ces organisations* ». L'appel, signé « *Pour le communisme* », ne portait aucun nom, mais ceux qui le présentèrent lors d'une conférence de presse indiquèrent qu'il avait été fait par une quinzaine de personnes, toutes issues des groupes armés. Parmi celles-ci, murmurait-on lors de cette conférence de presse, il y avait sûrement Marco Donat-Cattin, le fils du dirigeant démocrate-chrétien, recherché comme un des chefs de *Prima Linea*. Le texte dénonce la « *logique d'anéantissement réciproque de deux improbables armées* » et la disparition de « *centaines de militants communistes soustraits à la lutte de classe dans la valse macabre de la spirale terroriste et répressive* ».

« *Nous le disons explicitement depuis un an (...) même si c'est avec trop de timidité : aujourd'hui, il faut être plus clairs encore et reprendre la saine habitude de la critique et de l'autocritique publique* » affirme le texte. Pour « *interrompre cette nuit des longs couteaux où règne, incontesté et solitaire, le mythe de la vengeance et du sang* », ces déserteurs veulent créer « *les conditions politiques et juridiques* » afin que « *ceux qui veulent s'y soustraire* » puissent le faire « *sans être enfermés dans la délation, la prison, la mort, la clandestinité perpétuelle* ».

ANNEXE 2

Illégalisme et guerre

Texte fondateur de la Nouvelle Résistance Populaire[1], publié dans le n° 1 des *Cahiers prolétaires*, « Élargir la résistance », janvier 1971, supplément à *La Cause du Peuple* n° 32 ; directeur de publication : Jean-Paul Sartre.

1. Désignée dans les textes, pour des raisons évidentes, sous le nom d' « Organisation Partisane Secrète ».

II. ILLEGALISME ET GUERRE

I. — LE PROBLÈME POLITICO-MILITAIRE
NUMÉRO 1 DE L'ÉTAPE OUVERTE APRÈS JUIN 1970

1. Appliquant la pensée Mao Tse-Toung à la réalité française, nous avons défini et appliqué une pratique politico-militaire originale, une guérilla originale que nous avons appelée **lutte violente de partisans.** Cette lutte violente, du point de vue politique, s'attaque à l'autorité de l'Etat et du syndicalisme, dans la mesure où cette autorité impose aux masses une idéologie étrangère, le légalisme, c'est-à-dire la soumission à l'ordre bourgeois.

POURQUOI LA LUTTE VIOLENTE DE PARTISANS ?

Il est évident qu'il ne s'agit pas, pour les maos, d'un choix gratuit, d'une « préférence » pour la violence. Et ceci pour deux raisons au moins. La première, c'est que la lutte violente ne relève pas d'une préférence gratuite, d'un amour immodéré de la casse, mais d'une stratégie *dont le terme est la prise du pouvoir central. La deuxième, c'est que les actions violentes ne sont pas l'ensemble de la lutte populaire de partisans, mais seulement la forme qu'elle revêt dans nombre de cas. En définitive, l'essence de la lutte populaire de partisans n'est pas la violence, mais l'illégalisme, dont la violence est simplement la forme la plus dure.*

Voyons cela de plus près.

Il faut d'abord écarter un faux débat : Il est évident que le concept de lutte violente de partisans n'est pas la théorie de la violence minoritaire. Nous ne sommes en aucun cas pour la violence minoritaire, pour la violence de petits groupes qui se substitueraient aux masses. Nous sommes au contraire pour le développement populaire, de masse, de la guérilla en France. Ce qui est vrai par contre, c'est que nous pensons que certaines actions exécutées par de petits groupes sont de nature à accélérer le développement des luttes à caractère de masse ; les rapports entre ces actions-là et les actions de masse sont détaillés dans la suite du texte. Ce qui est vrai aussi, c'est que, si notre objectif est d'unir l'ensemble du peuple dans la révolution, nous n'appelons pas seulement action de masse *les actions accomplies, par exemple par les 35.000 ouvriers de Renault-*

Billancourt, mais aussi celles qui sont accomplies par une fraction *des masses, et qui font avancer* l'ensemble *des masses ; on a rarement vu de séquestration décidée par la totalité des ouvriers d'une usine, et pourtant chaque séquestration fait progresser l'ensemble de la classe ouvrière, plus : l'ensemble du peuple.*

Il est vrai que le rapport entre les actions de petits groupes et les actions de masse est un rapport complexe, qu'il faut savoir parfaitement maîtriser. Il est donc vrai que des erreurs peuvent être commises, qu'il peut y avoir des actions de petits groupes qui soient des actions irréfléchies, qui ne favorisent pas le développement de luttes à caractère de masse, ou même qui l'entravent. Tout le travail des communistes est justement de fixer les lois de cette lutte de partisans, pour combattre les tendances négatives, développer le courant positif.

Car nous pensons que la lutte de partisans fait avancer le cours de la révolution populaire ; plus précisément nous pensons que c'est la forme que revêt actuellement la révolution populaire ; actuellement, c'est-à-dire dans la phase de révolution idéologique.

Nous savons que toute révolution armée est préparée par une révolution idéologique. *Pour que le peuple prenne le fusil, il faut que les esprits s'y soient préparés, y soient prêts. Il faut que l'opinion populaire soit décidée à la guerre avec les exploiteurs. La préparation des esprits, la construction de l'opinion populaire, c'est ce qu'on appelle la* révolution idéologique : c'est la préparation à la guerre.

Qu'est-ce qui doit être brisé, anéanti, pour que l'opinion populaire soit préparée à la guerre, pour que le peuple soit décidé à la guerre ? c'est le légalisme, *la soumission des esprits à l'ordre bourgeois, dont les principaux piliers sont le pouvoir d'Etat et les syndicats. Ce qui veut dire que la pratique de la révolution idéologique est une pratique* illégaliste. *Ce qui brise le légalisme c'est une pratique illégaliste liée à une propagande illégaliste, ce n'est pas bien difficile à comprendre. La lutte de partisans, c'est une lutte en dehors de la loi bourgeoise, contre la loi des patrons et des flics.*

*A ce point, la deuxième idée erronée à détruire, c'est que la lutte de partisans, ça veut dire nécessairement, toujours, la vio-*lence physique, *la bagarre, la casse ; l'essence de la lutte de partisans, ce n'est pas la casse, la violence physique, mais l'illégalisme : ce qui se manifeste dans certains cas, pas dans tous, par la violence physique.*

Prenons un exemple : l'idée de justice populaire *est une idée-clé de la révolution idéologique, parce qu'elle détruit pratiquement le respect pour la justice des patrons. Eh bien, cette idée, on ne la répand pas seulement par la violence physique ; on ne la répand pas, par exemple, en allant attaquer le ministère de la « justice ». On la répand par une propagande vivante et précise ; on la répand par des actions illégalistes qui ne sont pas physiquement violentes, comme le tribunal populaire de Lens. On la répand par des actions de petits groupes, comme l'arrestation de de Grailly ; et on la répand en fin de compte par des actions de masse comme la prise d'otages du patronat, comme à Ferodo. Et c'est la* combinaison de ces différentes pratiques illégalistes qui constituent la lutte populaire de par*tisans, c'est cette combinaison qui fait avancer la révolution idéologique, qui libère les esprits de l'idéologie étrangère imposée par la bourgeoisie.*

> *Donc, toutes les formes de violence physique contre le pouvoir ne font pas partie de la révolution idéologique ; et toutes les formes de la révolution idéologique ne sont pas des formes de violence physique. On peut exprimer cette idée en disant que la violence contre le pouvoir réactionnaire ne commence pas là où il y a affrontement physique, mais là où il y a contestation ouverte de sa loi. Ce qui demeure vrai, c'est que la violence physique contre la loi et l'ordre bourgeois marque en règle générale le point le plus avancé de la révolution idéologique, le développement extrême de l'idéologie de la résistance. Pour illustrer cette mise au point, on peut citer des extraits d'interventions de paysans dans une réunion d'échange d'expériences dans l'ouest de la France, publiées dans « Paysans en lutte » :*

« Ça me parait très important qu'on pose le problème de la violence par rapport à la société dans laquelle on est. Il n'est pas vrai de dire que la violence est en soi génératrice de prise de conscience révolutionnaire. Elle ne l'est pas toujours.

Moi, je me rappelle d'expériences concrètes... Après des frictionnages d'oreille importants avec des forces de police importantes, il nous est arrivé de pratiquer une forme de violence à base de simple peinture, mais sur des gendarmeries, et en prenant le risque de se faire cravater.

Je prends le cas d'une commune : des paysans qui se sont battus pour leurs bons gendarmes (il y a les mauvais flics en général et les bons gendarmes qui sont les voisins avec qui on boit un verre) : ils s'étaient battus pour que la gendarmerie reste dans la commune, acceptant des impôts nouveaux, quand ils ont vu des belles peintures sur un bâtiment neuf, ils ont tous été contre ce qu'on avait fait.

Donc l'usage de la violence doit être significatif. »

« *Je pense que dans un pays comme le nôtre, on est tous convaincus que renverser le régime capitaliste bourgeois implique l'usage de cette violence. Mais je crois aussi qu'on a à faire l'inventaire des formes de violence révolutionnaires dont on dispose.* Les formes sont plus nombreuses et diversifiées *dans une société capitaliste développée que par exemple au Cambodge. C'est important de dire ceci parce que les travailleurs ont à rechercher* les formes de violence les plus efficaces.

« *Cette façon de poser la question nous amène au problème de l'action de masse parce que, quand on parle de violence, je me demande si on ne fait pas souvent la confusion entre la violence d'un groupe et la violence des masses.*

Je crois que le problème se pose de la façon suivante : dans la mesure où c'est la volonté de la masse, où la base ressent comme une nécessité de s'exprimer par la violence, *que cette violence s'exprime par un groupe restreint ou par l'ensemble, ça n'a plus d'importance. Le problème, souvent, c'est que s'il y a* un petit groupe qui se manifeste par une violence qui n'est pas comprise par les masses, cette violence dans un certain nombre de cas, se retourne contre la prise de conscience des masses. »

Du point de vue militaire, cette lutte est **non armée :** c'est une guérilla non armée, qui ne vise pas à détruire les forces militaires de l'ennemi, mais ses forces politiques et idéologiques — même si cela passe la plupart du temps par des victoires militaires partielles sur lui ; mais alors la signification de ces victoires est **symbolique :** non pas qu'il ne s'agisse pas de **véritables** victoires ; mais leur portée ne réside pas dans les pertes matérielles infligées à l'ennemi, qui sont toujours faibles en fin de compte, mais dans les **forces politiques et idéologiques libérées.**

Prenons un exemple récent : l'arrestation du député de Grailly par la N.R.P. Le fait que des armes à feu aient été utilisées pour l'arrêter ne fait pas pour autant de cette opération une opération de lutte armée ; *le propre de la lutte armée, en effet, n'est pas tant de se mener avec des armes à feu, que de viser la* destruction physique ou matérielle de l'ennemi. *Or, dans le cas de de Grailly, il n'était évidemment pas question de le liquider ; il ne s'agissait pas non plus alors de pratiquer un échange matériel — libération de camarades emprisonnés, par exemple.*

En fait, le but recherché avec l'arrestation du député était symbolique : *illustrer de manière frappante l'idée que, quand la « justice » officielle est l'expression directe de l'injustice de la classe au pouvoir, il est normal et nécessaire que le peuple se donne une justice à lui, la vraie, une justice populaire.*
Mais, pour que le but symbolique soit atteint, il faut encore que l'opération soit une victoire concrète, bien réelle, sur le terrain : l'arrestation de de Grailly est une victoire militaire sur la police, qui prétend tenir Paris sous sa coupe ; (d'après des renseignements sûrs, l'opération s'est déroulée à moins de trente mètres d'un car de ronde, ce qui prouve par les faits que le formidable déploiement policier peut être ridiculisé, pour peu qu'on agisse avec méthode ; on dit que c'est bien ainsi que Marcellin l'a compris.)

C'est précisément parce que l'arrestation du député est une démonstration concrète *qu'elle peut ensuite être utilisée pour faire peser une menace sur tel ou tel ennemi du peuple, pour créer un* climat d'insécurité *pour les possédants ;*

Parallèlement, cette opération doit généraliser dans les masses l'idée de la justice populaire, radicaliser les premières formes déjà apparues, semi-lynchage d'un député U.D.R. dans les Vosges par les ouvriers de Boussac, arrestation d'un agent du fisc par les petits commerçants, etc... La fonction de cette action est donc d'aider à libérer progressivement, conjointement' avec des initiatives comme le tribunal populaire de Lens, une idée politique neuve, celle de la justice populaire, *dont le caractère profondément subversif est amplement démontré par la réaction violente et unanime de la bourgeoisie, de la droite à la gauche parlementaire.*

De ce point de vue, la cible n'était pas si mal choisie, quoi qu'en aient dit certains : puisque la victime était non seulement l'un des « pères » de la Cour de Sûreté de l'Etat, à l'heure où celle-ci fait parler d'elle tous les jours, non seulement l'un des fabricants de lois du pouvoir, en tant que vice-président de la commission des lois, mais encore le responsable, pas le seul bien sûr, on connaît la chanson, d'un gâchis de 150 milliards ; or, qu'un homme du peuple ne puisse pas payer ses impôts, et il est aussitôt poursuivi par la « justice », expulsé par les huissiers aidés par les flics ; qu'un notable gaulliste soit responsable d'un trou de 150 milliards, et il n'est pas même inquiété par la même « justice » : il y a là quelque chose d'assez clair.

2. Les caractéristiques de la lutte violente de partisans nous ont amené à distinguer des **zones politico-militaires : bases d'appui,** c'est-à-dire essentiellement les grandes usines, qui sont l'arrière politique de la lutte de partisans, et son arrière militaire dans un sens bien précis ; autour des bases d'appui s'étendent les **régions de partisans,** où se réalise l'unité populaire dans des formes combinées de travail politique et de travail politico-militaire.

L'édification des bases d'appui et l'organisation des régions de partisans préparent dès aujourd'hui les bases de la lutte armée : les soulèvements et la guérilla armée qui suivra s'étendront sur les mêmes territoires politico-militaires ; c'est donc des bases d'appui d'aujourd'hui que partira et s'étendra la libération du peuple et du territoire. Mais, du fait de l'étape où nous nous trouvons, et des caractéristiques de la lutte qui correspond à cette étape, bases d'appui et régions de partisans sont le siège d'une contradiction importante. Cette contradiction peut s'exprimer ainsi : **Plus une région est idéologiquement libérée, et plus elle est militairement occupée par l'ennemi.**

3. Cette contradiction est propre à l'étape où nous sommes et aux caractéristiques de la lutte non armée que nous menons. Même si on ne peut concevoir de vastes régions entièrement libérées, comme en Chine, dans l'étape de la lutte armée, il est certain que le développement de la lutte armée obligera l'ennemi à relâcher sa pression sur certaines régions usines les plus avancées, voire, à long terme, à se contenter d'encercler de l'extérieur certaines zones.

Cette situation n'est évidemment pas possible dans l'étape de la lutte non armée de partisans ; la libération idéologique d'une zone se traduit par des actions de partisans répétées, à caractère de plus en plus massif et de plus en plus militarisé, mais qui n'atteignent pas de manière décisive le potentiel militaire de l'ennemi ; sa réaction est donc de soumettre cette zone à une occupation militaire en règle. Cette tendance va s'intensifier, et, jusqu'aux débuts de la lutte armée prolongée, la supériorité militaire de l'ennemi sur les bases d'appui va devenir de plus en plus grande.

4. Or, dans toute action militaire, nous enseigne le président Mao, il y a deux aspects, aussi importants l'un que l'autre : **l'attaque et la défense, « la lance et le bouclier ».** Le développement de la lutte populaire de partisans nous somme de durcir les attaques, mais en même temps il rend beaucoup plus difficiles les conditions de la défense. Il est arrivé ces derniers mois que des militants se fassent arrêter à la suite de différentes actions ; ces arrestations, pour une bonne part, sont dues à l'inobservation des premières règles de protection. Mais elles tiennent souvent à une raison beaucoup plus profonde: les exigences contradictoires du travail politique et politico-militaire dans une zone occupée; le travail politique de propagande et d'agitation, la majeure partie du travail d'organisation, et même la plupart des actions de guérilla, exigent d'être faits au grand jour, publiquement, par des organisations **« ouvertes »** ; par contre, certaines actions de guérilla requièrent pour être exécutées le secret le plus absolu.

5. Dans ces conditions, on ne peut mélanger tout : il est impossible que des militants courent le risque, neuf jours sur dix, de se manifester à l'attention de la police, ceci même si la protection du travail politique est prise en mains, et prétendent « rentrer dans l'ombre » le dixième jour ; le point de vue de la défense, de **la conservation de nos forces,** peut bien alors être respecté sur le terrain, dans le moment de l'action militaire, mais pas ensuite ; le repli, qui permet aux forces populaires, une fois qu'elles ont frappé, d'échapper aux tenailles de l'ennemi, se trouve alors réduit à une simple **esquive** sur le terrain ; simple esquive, puisque ce qu'on évite, dans le meilleur des cas — pas toujours — c'est simplement le « flagrant délit » ; cette protection est évidemment insuffisante, en outre elle n'est même pas assurée.

6. Il faut donc fixer les rapports exacts entre travail « ouvert » et travail secret, entre les formes « ouvertes » et les formes secrètes de la guérilla, enfin délimiter scientifiquement les différentes formes « ouvertes » et les différentes formes secrètes de la guérilla, en se référant à chaque fois à leur base de classe, donc aux organisations particulières qui les mettent en pratique.

Voilà le problème politico-militaire essentiel que nous avons à résoudre. Cela signifie : tirer pratiquement les conclusions du fait que nos bases d'appui et nos régions de partisans ne sont pas des régions militairement libérées.

7. Il est clair que tous ceux qui, pour des raisons différentes, sont hostiles au développement de la lutte violente de guérilla en France, conjuguent objectivement leurs efforts pour tenter de rendre ce problème insoluble : certains groupuscules cherchent à faire croire que nous prenons nos bases d'appui pour des régions libérées, que nous voulons reconstituer purement et simplement le

processus de la guerre révolutionnaire en Chine ; la police, elle, cherche à démontrer dans les faits que nous nous trompons ; elle arrête et emprisonne ; les mêmes groupuscules tirent alors la « leçon » : leurs bases d'appui, laissez-nous rire, ça ne les empêche pas de se faire arrêter, ils n'ont rien libéré du tout, voilà ce qui arrive quand on se prend pour des guérilleros, etc. Ce qui doit permettre de liquider globalement l'idée et la réalité de la guérilla en France.

Il faut donc :

1° Préciser une fois de plus ce qu'on entend par **base d'appui**.

2° Tirer pratiquement les conclusions du fait qu'elles ne sont pas des régions militairement libérées.

II. — SITUATION MILITAIRE DES BASES D'APPUI

Rappelons d'abord, pour éclaircir les malentendus, ce que nous entendons par bases d'appui *; essayer de faire croire que nous donnons à ce mot le même sens que le président Mao dans les Ecrits Militaires, c'est une méthode un peu grossière. Il ne s'agit pas de régions libérées, cela est clair et net.*

Mais il est facile de comprendre ceci : quand on ne mène pas un combat, au sens strict du terme, on n'a pas besoin de se préoccuper de constituer des points forts, des points de résistance ; quand on collectionne des voix ou des contacts, rien ne distingue une usine d'une autre usine, une usine d'un H.L.M., un H.L.M. d'une cité de cadres, etc... A partir de chacun de ces points, on peut discuter, écrire des articles, éventuellement même mener une lutte ; quand par contre on s'engage dans un combat, un combat qu'on veut prolongé, illégal, non armé d'abord, armé ensuite, contre le pouvoir de la bourgeoisie, on se prépare à la guerre ; et l'ennemi aussi nous fait la guerre. Cela signifie qu'on a une stratégie, qu'on s'appuie sur des points forts, des points d'où l'ennemi aura du mal à nous déloger, où il aura du mal à briser la guérilla : ces points sont donc les arrières du travail révolutionnaire ; ce sont eux que nous appelons les bases d'appui, et il se trouve que ce sont essentiellement les grandes usines, pour des raisons que tout marxiste, même ossifié, peut comprendre. Cela signifie aussi qu'on cherche, dès le début du processus, à résoudre le problème posé par la Commune à tout révolutionnaire digne de ce nom, c'est-à-dire à tout révolutionnaire qui travaille à la prise du pouvoir par les armes : ce problème est d'éviter l'encerclement et l'anéantissement d'une base révolutionnaire. On cherche alors à édifier un réseau de bases d'appui étendu nationalement, et on travaille dès maintenant à la construction de l'unité populaire ; cette unité se réalise nécessairement là où le prolétariat est fort et influent, c'est-à-dire autour des bases d'appui, pour des raisons qui elles aussi sont claires : ces zones d'unité populaire sont ce que nous appelons les régions de partisans.

1. **Les bases d'appui sont un arrière politique pour la guérilla :** c'est dans les grandes usines que sont concentrées les troupes de choc de la guerre de classes ; c'est donc dans les grandes usines et à partir d'elles que se mènent les luttes les plus dures, les plus décisives, contre les patrons. C'est autour du prolétariat d'usine que doivent s'unir les autres couches populaires dans la perspective d'une lutte populaire armée prolongée.

2. Les bases d'appui sont, dans un sens précis, un arrière militaire pour la guérilla : c'est la mobilisation partisane des masses prolétariennes dans une grande usine qui fournit à une campagne sa puissance d'attaque et sa capacité à résister pendant un temps aux contre-attaques ennemies. D'autre part, de toutes les formes de guérilla populaire, ce sont les formes intérieures aux usines qui connaissent le développement le plus régulier, le plus progressif.

Des exemples illustrent bien ces deux thèses :

— La campagne contre les Houillères, pour la libération des camarades d'Hénin-Liétard, a uni au sein d'un vaste mouvement démocratique différentes couches populaires : catégories diverses de la petite bourgeoisie — ingénieurs, médecins, artistes — et mineurs. Il s'agissait bien d'une véritable unité populaire, c'est-à-dire d'une alliance dans un mouvement pour un but commun : une nouvelle démocratie, une nouvelle justice. Cette unité n'a pu se réaliser qu'autour de la base d'appui prolétarienne que constituent les mines. Ce sont les mineurs qui unifient le peuple autour de la défense de leurs aspirations profondes : arrêtons les assassinats, punissons les assassins, faisons connaître partout la fonction de classe de l'ingénieur, du médecin, etc. C'est-à-dire que ce sont eux qui sont capables d'assigner leur place dans le combat général aux ingénieurs honnêtes, aux médecins honnêtes, etc. : ce rôle étant ici de témoigner sur le rôle que leur fait jouer l'organisation capitaliste du travail. (cf. sur ce point le rapport sur la campagne des Houillères.)

— La campagne contre la hausse des transports, l'année dernière, n'a vu le développement d'une guérilla relativement prolongée qu'autour de Renault. C'est parce que dans l'usine une large fraction des masses était mobilisée pour résister à la hausse que la guérilla de résistance a pu y être menée de façon beaucoup plus prolongée qu'à partir des autres points d'intervention. Certes, le caractère particulier de la campagne, qui faisait que le territoire de la guérilla n'était pas vraiment l'usine, mais la rue et la station de métro proches, a fait qu'en fin de compte l'ennemi, au prix d'un déploiement de forces considérables, a militairement repris le dessus ; il reste que le fait d'avoir pu « libérer » une station pendant plusieurs semaines a assuré le succès de la campagne ; succès qui se manifeste positivement par le fait que la seconde hausse, d'abord annoncée pour juillet 70, a été reculée une première fois, et vient encore de l'être une seconde fois.

— Enfin, le développement continu d'une forme de guérilla comme la lutte contre les chefs mouchards montre que c'est là où l'oppression est constante, quotidiennement répétée, et où le prolétariat est concentré, c'est-à-dire dans les grandes usines, que la guérilla se développe de la manière la plus régulière et la plus massive (cf. rapport complémentaire Renault.)

Le développement complet de la politique partisane sur une base d'appui vise à unir ces deux fonctions, foyer d'unité populaire et foyer de guérilla. Mais cela ne va pas empêcher que la supériorité militaire de l'ennemi reste totale, et même s'accentue, puisque la guérilla que nous menons n'est pas armée ; plus le sabotage, la lutte anti-chefs, etc... vont se développer dans une usine, plus cette usine va devenir le centre d'un mouvement d'unité populaire, et plus l'ennemi va l'entourer de centaines et de centaines d'hommes armés, C.R.S., gendarmes, flics de tous genres : plus l'occupation va s'accentuer.

3. Enfin, l'étape du soulèvement débouchant sur l'organisation de groupes de partisans armés doit transformer la fonction militaire des bases d'appui. Les bases d'appui seront alors des territoires disputés à l'ennemi les armes à la main ;

leur fonction d'**arrière militaire** sera alors considérablement renforcée : c'est-à-dire que toute initiative militaire de l'ennemi se heurtera à une riposte militaire des forces populaires, visant à l'anéantissement des forces blanches ; le pouvoir blanc y sera donc très affaibli, militairement contesté.

4. Pour résumer, l'évolution militaire d'une base d'appui doit normalement passer par les stades suivants : au fur et à mesure que se développe la lutte violente de partisans dans la base d'appui et dans la zone qui l'entoure, l'ennemi accentue son occupation ; cette accentuation n'est évidemment pas régulière, continue : à certains moments, l'ennemi peut décider de « lâcher du lest » ; mais enfin la tendance générale est la suivante : la fonction d'**arrière politique** et de **base de départ pour les mouvements partisans** va croissant ; mais le rapport des forces militaires est entièrement en faveur de l'ennemi.

A l'étape du **soulèvement,** la lutte violente est générale, et prend l'ennemi en tenaille ; encerclant la base d'appui, il est lui-même harcelé sur tout le territoire de la zone. Le soulèvement accouche des premiers groupes armés, qui vont se développer et s'organiser après le soulèvement.

Ils vont alors commencer à faire respecter par les armes la loi du peuple, exécutant les agents les plus en vue de la dictature, s'opposant à toute incursion militaire de l'ennemi, etc. A cette étape, la base d'appui sera donc une **zone d'insécurité militaire totale** pour l'ennemi, qui pourra même être contraint à long terme à l'évacuer pour l'encercler à distance : sa fonction d'**arrière militaire** se trouvera donc considérablement renforcée ; cela signifie concrètement que les groupes de partisans de la base d'appui constitueront l'encadrement militaire de toutes les tâches de la Révolution sur la base d'appui et la zone environnante, protègeront les masses et les militants, fabriqueront le matériel militaire, etc.

> *A propos de cette question, décisive, de la guérilla prolongée, il faut éclaircir un point : pourquoi nous référons nous fréquemment à la* Résistance populaire antifasciste ?
>
> *Ce n'est pas seulement parce que c'est la dernière expérience en date de lutte armée du peuple français, ce qui en soi est déjà une raison importante ; mais surtout parce que c'est* la première et la seule expérience en France d'une guérilla prolongée et victorieuse contre des forces ennemies extrêmement puissantes militairement. *Les deux expériences décisives et contradictoires de l'histoire révolutionnaire du peuple français sont, du point de vue de la question* insurrection ou lutte prolongée, *la* Commune et la Résistance. *La Commune est l'exemple héroïque et négatif de l'impossibilité de jeter à bas un pouvoir central fort par une insurrection brusque — expérience confirmée ensuite par l'histoire des autres peuples. La Résistance est au contraire la démonstration historique de la possibilité de développement d'une lutte armée prolongée de guérilla, unissant toutes les couches du peuple — ouvriers, paysans, intellectuels — contre un appareil politico-militaire tout puissant. La démonstration ne s'arrête pas à cette thèse générale : elle indique les grands traits du développement de la lutte armée : constitution de petits groupes dans les villes et les campagnes, développement progressif d'unités plus importantes, à un rythme différent dans les villes et les campagnes, l'assaut final prenant la forme d'une* insurrection nationale, *possible seulement après que l'ennemi ait été saigné à blanc et que la majorité du peuple se soit uni derrière les forces populaires ;*
>
> *Tenir compte des différences politiques profondes, ainsi que des changements survenus dans les rapports des différentes classes est une chose, négliger cette expérience politico-militaire capitale en est une autre. On peut douter du sérieux de ceux qui, tout en prétendant préparer la lutte armée pour le pouvoir, excluent avec « autorité » la Résistance des expériences révolutionnaires du peuple français.*

5. Puisque les bases d'appui sont aujourd'hui occupées par l'ennemi, il est clair qu'on va devoir établir une séparation, au niveau des organisations, entre celles qui mènent les tâches « ouvertes » et celles qui mènent les tâches secrètes. Certaines organisations vont prendre en charge les tâches ouvertes de la propagande et les formes ouvertes de la guérilla ; mais certaines formes de la guérilla vont requérir une organisation complètement secrète, et donc aussi des formes de propagande « anonyme ».

En effet, la guérilla ne peut être entièrement menée « au grand jour » — c'est-à-dire par des organisations ouvertes, reconnues, que lorsque les conditions politico-militaires suivantes se trouvent réunies :

— soit il s'agit d'opérations de défense d'une région libérée, qui se passent donc **à l'extérieur des lignes ennemies** ;

— soit il s'agit d'opérations de partisans dans une zone de partisans, donc **à l'intérieur des lignes ennemies,** mais ces opérations sont des incursions qui se terminent par un repli sur la zone libérée ;

— soit enfin il s'agit d'unités importantes de partisans, agissant dans une zone où le pouvoir blanc est en complète décadence, et qui sont donc assez puissantes pour parer à toute contre-attaque ennemie.

Pratiquement, ces conditions sont celles d'une guérilla armée, s'appuyant sur une région totalement ou partiellement libérée.

Or, dans les conditions actuelles de la lutte populaire dans notre pays, les partisans mènent une guérilla non armée dans des zones occupées par l'ennemi, dans une situation telle que les « lignes » ennemies sont dilatées à l'ensemble du territoire. La défense ne peut donc venir ni d'une zone de repli libérée, ni d'une puissance militaire supérieure localement à celle de l'ennemi ; Il faut alors distinguer les opérations de **milice,** qui sont faites sous la protection directe des masses mobilisées et dont les ossatures sont des **organisations semi-clandestines** implantées dans les masses ; et les opérations isolées de petits groupes de partisans, organisées de manière totalement clandestine dans une **« armée de l'ombre ».**

III. — SECTEUR « OUVERT » ET SECTEUR D'OMBRE

1. Les tâches de propagande et d'organisation politique dans les masses sont le fait d'organisation à développement de masse, qui sont des **organisations « ouvertes ».**

Par organisations « ouvertes », on entend en fait des organisations **semi-clandestines.** En gros, la fonction des organisations « ouvertes », qui est d'organiser les couches populaires par grands mouvements — résistance prolétarienne, mouvement de la jeunesse, mouvement démocratique, pour parler des principaux — fait qu'elles travaillent au grand jour lorsqu'elles mènent la propagande, l'agitation, l'organisation dans les masses : ceci c'est leur premier aspect ; mais, d'un autre côté, leur travail est régi par un système de règles, qui doit les rendre relativement impénétrables à l'ennemi ; ces règles fixent les principes de la **protection du travail politique,** à respecter par chaque militant de toute organisation, sous peine de se transformer en informateur involontaire de la police (exemple : ne pas posséder de répertoire d'adresse, ne pas collectionner des archives chez soi, etc.) ; d'autre part, elles définissent un certain nombre de **circuits ou de niveaux clandestins** à l'intérieur des organisations « ouvertes » ; exemple de circuit clandestin : la distribution des instruments centraux de propagande aux différentes unités doit se faire discrètement sous peine d'être interceptée par la police, cela est encore plus vrai pour la fabrication de certains d'entre eux ; exemple de niveau clandestin : les réunions des cadres ou des dirigeants de chacune des organisations ouvertes doivent être clandestines pour éviter les « coups de filet » de la police.

L'ensemble de ces règles constitue un système, à améliorer sans cesse, qui fixe de manière **irrévocable, indiscutable,** l'attitude de chaque militant des organisations de masse face aux menées de l'ennemi ; leur application fait des différentes organisations de masse des organisations **ouvertes aux masses, fermées à la police :** les deux aspects étant indissociables, puisque les masses ne peuvent se reconnaître que dans des organisations relativement protégées de la police. Le militant d'une organisation « ouverte » n'est donc pas le zozo qui se fait arrêter au premier coin de rue avec des tracts plein sa poche ; **par organisation « ouverte », on n'entend pas organisation ouverte à tous les vents.**

« Ouvertes aux masses, fermées à la police » : ce point peut paraître obscur à certains, qui ne conçoivent la lutte contre les menées policières qu'avec des esprits de conspirateurs ; expliquons-nous donc un peu.

En premier lieu, la protection contre les interventions « officielles » de la police — filatures, perquisitions, etc... — suppose simplement qu'on s'attache à tirer des règles précises, concrètes, de chaque expérience, et que la discipline la plus absolue soit exigée dans l'application de ces règles. Il est évident que beaucoup de perquisitions seraient sans effet si les militants s'astreignaient à ne rien archiver chez eux, fût-ce un tract, que beaucoup d'arrestations seraient évitées si les adresses n'étaient connues que de ceux qui en ont besoin, si on faisait attention à ne pas être suivi, etc... L'expérience des 6 derniers mois montre de manière irréfutable que nombre des arrestations opérées par la police peuvent être évitées à l'avenir si on tire une règle concrète de chaque expérience et que son application devient impérative. Ceci suppose évidemment la destruction complète des positions de classe de la petite bourgeoisie qui a une tendance insurmontable à considérer que l'expérience de la protection du travail politique n'est pas suffisamment « noble » pour être systématisée, encore moins pour donner lieu à des règles impératives.

Mais la question la plus importante, parce que c'est la plus sérieuse et pourtant celle qui donne lieu aux pires divagations chez les révolutionnaires en chambre, les trotskystes pour ne pas les nommer, est celle de l'infiltration et de la provocation policières. Le grand résistant Dallidet, dans la brochure « Comment se défendre ? », écrivait : « Le principal et le plus important moyen de lutte contre la provocation, c'est de garder à l'organisation révolutionnaire un caractère de masse... Une participation effective de tous les militants, une position réfléchie envers chaque décision... un large développement de l'initiative dans la vie politique : voilà les meilleurs conditions de la lutte victorieuse contre le mouchardage et la provocation. » Ceci est finalement assez simple à comprendre ; une organisation à caractère de masse, c'est une organisation qui agit en appliquant la ligne de masse ; chacune de ses décisions, chacune de ses actions doit donc refléter le point de vue des masses les plus larges. Le point de vue des provocateurs, c'est le point de vue opposé au point de vue des masses : il ne saurait donc prévaloir que dans une organisation marginale, coupée des masses. L'expression démocratique large des masses au sein d'une organisation est donc la condition fondamentale pour lutter contre la provocation.

Pour que les choses soient claires sur ce qu'on entend par « expression démocratique large », on va aborder par ce biais particulier la question du programme, qui sera revue beaucoup plus systématiquement dans le rapport Renault : l'établissement et la discussion au sein des masses d'un programme précis contre les chefs mouchards, par exemple, permet d'agir à coup sûr contre tel chef ; à coup sûr, non seulement parce qu'il aura été constamment désigné, mais parce que les accusations précises auront été portées par les masses, les formes de l'action décidées par elles, etc. Il s'agira de l'exécution d'un véritable jugement, porté par tous, clair pour tous ; dans ces conditions, il est impossible à un provocateur de nuire.

Ce qui est vrai pour les provocateurs l'est aussi pour les simples mouchards : s'il se forme ce que Dallidet appelait une « opinion collective » sur chacun des membres d'une organisation de masse, opinion collective basée sur le travail politique de masse, il n'est pas démontré que même un super-flic puisse tenir longtemps à ce jeu-là...

En conclusion, s'il est évidemment plus facile à un flic de rentrer dans une organisation de masse que dans une organisation marginale et fermée sur elle-même, il lui est aussi beaucoup plus difficile d'y agir et même d'y rester.

2. Les différentes organisations « ouvertes » de masse ne sont pas des organisations pacifistes, au sens où elles fixeraient le respect scrupuleux de la loi comme limite à leur action.

Chacune des organisations de masse est partie prenante du front uni de la Résistance ; le légalisme, c'est-à-dire le respect craintif de la loi des patrons, qui est la forme générale de la soumission à l'ordre bourgeois, l'idéologie opposée à l'idéologie de la Résistance, est donc combattu par chacune des organisations « ouvertes » — à un degré différent et avec des moyens différents selon qu'il s'agit de l'une ou l'autre d'entre elles. Ce qui veut dire que la loi générale de transformation du travail politique en travail de guérilla — guérilla dont les formes et le degré de violence sont variables — vaut pour toutes les organisations « ouvertes » : chacune d'entre elles ne s'oppose pas seulement en paroles, mais aussi en **actes**, à l'arbitraire de ceux qui prétendent « faire la loi » ; **par « organisations ouvertes », on n'entend donc pas organisations légalistes.** Simplement, les formes de guérilla développées par les organisations « ouvertes » sont définies **strictement** par un certain nombre de conditions objectives.

3. D'une part, le caractère commun à ces organisations, qui doivent être des organisations de masse, agissant **au grand jour**, délimite le **cadre général** de la guérilla qu'elles développent : il ne peut s'agir aussi que de formes ouvertes, au grand jour. Pratiquement, cela signifie qu'il peut s'agir soit **d'actions de masse,** soit d'actions faites par un petit détachement partisan **issu des masses**, agissant **devant les masses et sous leur protection directe.**

Lorsqu'elles mènent ces formes « ouvertes » de guérilla, les organisations ouvertes constituent une véritable **milice populaire.** Mais attention, la milice n'est pas l'« armée de l'ombre » : elle est une organisation « ouverte », elle ne peut donc pas se défendre de l'ennemi avec les moyens de la clandestinité totale.

4. Les problèmes de la défense, de la conservation des forces, se posent à deux moments : d'abord, dans le temps même de l'action, il faut éviter de se faire intercepter par la police ; ensuite, une fois l'action accomplie, il faut brouiller les recherches de la police.

Les actions partisanes de masse — exemple : séquestration d'un patron ; demande d'autocritique à une sommité académique ; diffusion massive de journaux poursuivis — sont le type même des opérations de milice, dans la mesure où la mobilisation de masse permet d'être maître du terrain au moment de l'action, et d'autre part disperse les recherches de la police tout en exerçant de toute façon sur elle un effet de dissuasion politique : frapper isolément un ou deux « meneurs » d'une action de masse est un risque politique que souvent elle n'ose pas courir. Exemple éclatant : les poursuites sont annulées contre les neuf mineurs qui ont dirigé la séquestration exemplaire de Faulquemont ; autre exemple : la cessation des poursuites contre les diffuseurs de la C.D.P. est due au fait que les premières initiatives des amis de la C.D.P. ont déclenché un mouvement de masse dans toute la France pour la diffusion de la C.D.P.

Le second type d'opération de milice est le suivant : intervention d'un petit groupe sous la protection **directe** des masses. Exemple : la correction infligée publiquement au chef ... devant Renault-Billancourt sous la protection des ouvriers de l'usine ; le terrain se trouve alors interdit aux flics qui ne risquent pas d'intervenir ; mais encore faut-il bien voir que le second moment de la défense, qui consiste à faire échec aux recherches policières, se trouve alors plus difficile que dans le cas précédent : il faut donc prendre un surcroît de précautions, appliquer scrupuleusement toutes les règles du travail semi-clandestin. La mesure la plus importante est de faire intervenir des militants issus d'autres bases d'appui, travaillant sur la même zone ou sur une autre zone : il faut donc dans ce cas agir avec une **milice de zone,** ou même une **milice inter-zone.**

De toute façon, ce qui caractérise la milice, ou les embryons de milice, c'est qu'elle est une organisation implantée dans les masses, développant l'initiative politique et militaire des masses : son terrain et ses forces de combat ne sont que la conséquence de cette caractéristique fondamentale ; les embryons de milice qui se développent aujourd'hui, sur une usine par exemple, doivent tendre à regrouper l'ensemble des ouvriers de l'usine. C'est pourquoi ils se battent non seulement « au grand jour », sur le terrain de l'usine, mais surtout **sur des objectifs fixés démocratiquement par la masse des ouvriers.** Une opération de représailles, par exemple, ne sert à rien si elle n'est pas la matérialisation d'un **programme** précis, réaliste, fixant à la fois les objectifs immédiats et les moyens d'y parvenir, et les objectifs à long terme : tel ou tel aspect de la société que nous voulons. Ce programme, pour en être un, doit être établi démocratiquement par la masse des ouvriers. C'est cela essentiellement qui fait la différence entre une opération de milice et une opération « de substitution » ; c'est ce **rapport aux masses** qui définit la milice ou ses embryons.

5. D'autre part, **à chaque organisation de masse correspondent certains grands types d'opérations de milice.** C'est-à-dire que, à l'intérieur du **cadre général** des opérations de milice, ou guérilla « ouverte », qu'on vient de définir, il y a des grands types d'opérations de guérilla, qui correspondent à des **bases de classe,** donc à des **organisations de masse différentes.**

Ces types d'opérations qui correspondent à chaque grand mouvement du camp populaire sont définis tout simplement par l'expérience historique : c'est-à-dire qu'ils ne sont pas fixés une fois pour toutes ; ce qui est fixe, définitif, c'est le cadre général de la guérilla « ouverte », parce qu'il correspond à des conditions imposées par l'ennemi pour une longue période : la loi de l'occupation ; mais ce qui se développe et se multiplie, ce sont les types d'opérations de guérilla « ouverte » : et là, ce sont les masses qui inventent et créent chaque jour.

Ainsi, les principaux types d'opérations de guérilla « ouverte » inventés jusqu'à présent par le mouvement de la résistance prolétarienne sont : le **sabotage,** l'occupation de locaux, la **lutte violente anti-chefs,** et surtout la **séquestration.**

Les principaux types d'opérations de guérilla « ouverte » inventés jusqu'à présent par le mouvement de la jeunesse sont : **l'autocritique publique des sommités réactionnaires** et la **lutte violente anti-flics sur les campus.**

Les **diffusions-surprise de masse** des journaux poursuivis sont la première forme de guérilla qu'a développé le mouvement démocratique. Pendant la campagne contre les houillères dans le Nord, le Secours Rouge a assiégé le commissariat de Bruey et arraché la libération de camarades arrêtés ; enfin, le **tribunal démocratique de Lens** lui-même est une forme particulière de la guérilla générale engagée contre l'autorité du pouvoir réactionnaire, puisque il vise à substituer une autorité légitime mais illégale à l'autorité en place. Pour bien comprendre ces formes spécifiques de guérilla développées par le mouvement démocratique, il faut voir que la **violence** contre le pouvoir réactionnaire **commence là où il y a destruction ouverte et effective de son autorité,** et non pas nécessairement là où il y a affrontement physique ; de même une séquestration, par exemple, ne prend pas nécessairement la forme d'un affrontement physique ; certaines formes de cette guérilla ne sont même pas nécessairement **illégales,** puisqu'au contraire elles visent souvent à montrer que c'est le pouvoir qui viole la loi, par exemple en interdisant au peuple de s'exprimer.

Comment cette forme-là de guérilla s'allie-t-elle aux formes violentes de la contestation ? On en a un admirable exemple en Espagne avec l'occupation de Montserrat par 300 intellectuels démocrates catalans, qui n'avait pas besoin d'être violente pour être beaucoup plus qu'une simple pétition : un des combats de la contestation populaire de la dictature.

COMMENT PROGRESSE « L'EXPERIENCE HISTORIQUE » ?

Quel est précisément le mécanisme d'invention par les masses des formes nouvelles de lutte de guérilla ?

Il y a deux rapports *différents qui font progresser sans cesse la guérilla.*

Le premier rapport, c'est celui qu'entretiennent entre eux les différents mouvements de masse. *De ce point de vue, les mouvements dont les rapports ont été jusqu'à aujourd'hui les plus importants sont celui des usines, celui des paysans et celui de la jeunesse. C'est-à-dire que chaque forme inventée par l'un d'entre eux est généralement reprise, transformée par les autres mouvements, et ainsi naissent de nouvelles formes de lutte. Par exemple, la lutte violente anti-flics dans les universités, les ouvriers l'ont transformée en développant dans les usines, la lutte anti-chefs : « l'île Seguin ne sera pas Nanterre », disaient les révisos de Billancourt ; « l'île Seguin sera Nanterre », répondaient les ouvriers révolutionnaires ; certaines formes de sabotage de la production trouvent leur correspondant dans la dévastation par les paysans des récoltes des cumulards ; les premières séquestrations ont incontestablement inspiré au mouvement étudiant la forme nouvelle de guérilla que sont la critique de masse et l'auto-critique publiques des sommités réactionnaires.*

Ce rapport est illustré, mieux que par toute autre considération, par un fait éclatant : à peu près toutes les formes nouvelles, révolutionnaires, de la guérilla prolétarienne ont été inventée dans l'Ouest : *les premières* batailles de rue contre les C.R.S.,*dont l'importance fut immense juste avant mai 68, eurent lieu à* Caen et à Redon. *La sequestration est apparue dans l'ouest, c'est dans l'ouest essentiellement qu'elle s'est développée —* Cholet, Redon, Laval *— et c'est dans l'ouest, à l'usine* Ferodo *de Condé-sur-Noireau qu'elle vient de trouver une forme qualitativement nouvelle.*

Si l'ouest est ainsi l'une des sources vives de la guérilla populaire en France, c'est évidemment qu'y sont beaucoup plus étroitement qu'ailleurs entrelacés le mouvement paysan *et le* mouvement prolétarien ; *entrelacés* géographiquement : *les usines sont des « usines à la campagne » ; et* socialement : *la plupart des ouvriers sont de famille paysanne, et euxmêmes ouvriers-paysans, travaillant à l'usine et cultivant un lopin de terre.*

Dans ces conditions, le mouvement prolétarien est constamment enrichi par la créativité révolutionnaire du mouvement paysan, destruction des récoltes des cumulards, « kidnapping » de Guichard, attaque des maisons des cumulards, etc...

C'est pourquoi les rapports entre les différents mouvements populaires, la réalisation dès aujourd'hui de leur unité, est un objectif capital pour ceux qui veulent développer la guérilla populaire en France. C'est pourquoi aussi leur division est un objectif capital pour les syndicats.

Le deuxième rapport, c'est celui qu'entretiennent les actions « isolées » de petits groupes de partisans, *qui, sont comme on le verra le fait de l'armée de l'ombre*, avec les actions de guérilla « ouverte », de masse. *Ce rapport là, tous les révolutionnaires de la phrase, ossifiés et dogmatiques, ne veulent pas le voir, on sait pourquoi.* Les actions « isolées » ne sont pas faites à la place des masses, *pour se substituer à elles ; ces actions doivent servir à systématiser à un moment donné une tendance, une idée qui commence à se faire jour : elles doivent donner à cette idée nouvelle une forme frappante et nette, qui fera qu'ensuite elle sera reprise et appliquée à une échelle de masse ; en bref, elles doivent produire des* effets de masse à retardement.

C'est le moment de reprendre l'exemple du député de Grailly : son arrestation avait pour fonction, non pas de remplacer une manifestation, comme des sots peuvent le faire croire, mais d'illustrer de manière frappant cette idée : le peuple a le droit de s'emparer de la personne de ses ennemis, pour se faire justice, puisqu'il n'y a pas d'autres moyens. En arrêtant un député escroc, ou un patron, ou un flic, on le ridiculise, on casse son arrogance, on lui fout la trouille, à lui et à tous ses semblables, et ainsi on les oblige à respecter nos droits.

Eh bien, il semble que cette idée ait effectivement eu des effets de masse : séquestration au fond à Faulquemont, séquestration à Fougères, séquestrations en série à Ferodo, qui marquent une étape nouvelle par rapport aux précédentes séquestrations : nouvelle par la durée ; *nouvelle par leur* nombre : **4** dirigeants le vendredi, puis à nouveau des agents de maîtrise le lundi ; *nouvelle surtout par leur* objectif : *empêcher le licenciement d'un ouvrier ; « la liberté à Ferodo », comme le scandaient les grévistes ; et par leur forme : « Une nuit entière imposée sur des chaises avec musique intentionnellement assourdissante, rythmée du pied sur le sol et les cloisons... des propos grossiers, méprisants et insultants, très souvent accompagnés de menaces »,* comme se lamente le communiqué des cadres.

On ne prétend évidemment pas que l'arrestation de de Grailly est la cause directe *des séquestrations de Ferodo ; ce qui est certain par contre, c'est que l'idée dégagée dans les masses par l'arrestation de de Grailly a aidé les ouvriers à déclencher cette lutte nouvelle, révolutionnaire.*

Même les journaux bourgeois, qui avaient pourtant feint de ne pas voir les raisons de l'opération de Grailly, ne peuvent le cacher : « l'enlèvement a été remis récemment à la mode par des mouvements politiques clandestins », Le Monde *du 22 à propos de Ferodo ; « Les enlèvements alimentent les colonnes de la politique française et étrangère ; les séquestrations, depuis 68, avaient déserté la rubrique sociale : elles sont revenues en force ces jours-ci. »,* l'Aurore *du 23.*

Ce second type de rapports, notons-le dès maintenant permet de comprendre le lien qui unit l'organisation de l'ombre aux organisations « ouvertes ».

6. Les formes supérieures de la guérilla « ouverte » sont le **combat de rue** et le **soulèvement.** Ils constituent l'aboutissement d'un processus de guérilla sur une zone ou un ensemble de zones ; ils doivent réunir pour un combat de masse, unifié, contre les forces militaires de l'ennemi, sur un terrain, la rue, qu'il veut garder à tout prix, l'ensemble des organisations de masse populaires.

Il reste que certaines missions particulières apparaissent, à l'intérieur des tâches générales du combat de rue ou du soulèvement, qui doivent être prises en charge par l'armée de l'ombre. Dans le cas du combat de rue, ces missions peuvent être essentiellement :

— certaines formes spéciales de préparation.

— L'exécution d'opérations de diversion.

— L'exécution d'opérations offensives très dures, à l'intérieur du dispositif général du combat.

Dans le cas du soulèvement, la tâche principale de l'armée de l'ombre est évidemment de préparer le passage aux formes de lutte plus avancées, c'est-à-dire de former l'ossature des premiers groupes armés.

7. Pour que les organisations de masse puissent se battre correctement, il faut que se développe l'**instruction politico-militaire** parmi tous les militants, et particulièrement parmi les militants qui en constituent les noyaux.

Par instruction politico-militaire, on n'entend évidemment pas une instruction technique ; on entend par là l'ensemble des principes politiques qui doivent diriger le cours de la lutte violente de partisans. L'ensemble systématique de ces principes doit constituer un véritable **code** ; il devra porter essentiellement sur les points suivants :

— **Savoir choisir la cible générale,** directement liée au travail politique ; l'essentiel dans ce domaine est de savoir distinguer ce qui préoccupe réellement les masses les plus larges, et non ce qui préoccupe une poignée de militants ; c'est-à-dire que par « travail politique », on n'entend pas la pratique solitaire et « exemplaire » d'un petit groupe, mais l'application de la **ligne de masse** : l'application de la ligne de masse dans le travail politique en général, et dans le travail politico-militaire en particulier, est un domaine dans lequel nous avons beaucoup à apprendre.

— Une fois fixée la cible générale, **savoir isoler l'objectif précis** que l'on va frapper, le point le plus faible du dispositif ennemi (exemple : le petit chef le plus haï, et non pas n'importe lequel).

— **Savoir lier chaque action à une propagande précise, claire,** constructive, qui en fasse réellement un maillon d'une lutte prolongée (exemple : pour une action contre un chef, établir et discuter un règlement intérieur d'atelier anti-chefs ; pour un sabotage de représailles contre l'insécurité, établir un règlement de sécurité, etc.).

— **Savoir appliquer correctement, scrupuleusement, les règles du travail semi-clandestin** selon le principe : « ouvert aux masses, fermé à l'ennemi ».

— **Savoir ne pas sortir du domaine de la guérilla « ouverte »,** ne pas mener la guérilla de l'ombre avec des organisations qui ne sont pas préparées à ces conditions de lutte.

Respecter ces règles, c'est éviter : d'être isolé politiquement, donc vulnérable ; d'être victime des surveillances ou des recherches de l'ennemi ; de s'engager dans des combats qu'on n'a pas les moyens politiques et organisationnels de remporter. Ces règles doivent donc constituer la base de granit du travail politico-militaire des organisations « ouvertes » ; on ne doit plus voir d'opérations décidées, exécutées et protégées en s'en remettant au hasard ou aux désirs d'une poignée de militants.

8. Pour conclure sur ce chapitre, les formes « ouvertes » de guérilla sont donc définies par un **cadre général,** ce qui signifie pratiquement qu'elles ne peuvent en aucun cas être des opérations clandestines, exécutées par de petits groupes sans l'intervention ou la protection directe des masses. Elles sont à chaque fois le fait soit d'un mouvement de masses, soit d'un détachement de ce mouvement agissant au grand jour, sur son terrain et sur des objectifs précis, fixés démocratiquement par les masses : ce qui est donc exclu, c'est que des organisations extérieures se substituent aux **organisations de masse constituées en milice.** Enfin, elles sont commandées par des principes politiques clairs et systématiques, qui constituent un véritable **code.**

Ces différents points définissent rigoureusement le domaine « ouvert » de la guérilla

Nous allons envisager maintenant **quelles sont les formes clandestines de la guérilla, quels sont leurs rapports, dans chaque cas, avec les formes « ouvertes », quels rapports enfin l'organisation clandestine entretient avec les organisations « ouvertes ».**

IV. — L'ORGANISATION PARTISANE SECRÈTE

1. L'**élargissement** de la résistance dans les bases d'appui pose des problèmes politico-militaires nouveaux et différenciés. En particulier, l'élargissement de la gauche au centre dans certaines usines, celles par exemple qui emploient beaucoup de travailleurs immigrés, et où la tradition fasciste est forte, peut être freiné, voire bloqué, par la menace que fait peser le patron sur les ouvriers ; par exemple, le patron peut faire peser la menace de licenciements massifs pour enrayer tout développement d'une lutte de masse. Cette menace est une menace bien réelle, matérielle ; elle n'apparaît pas tant que le travail politique s'est borné à regrouper un noyau de gauche dans l'usine ; mais elle se manifeste dès que commence l'élargissement de la résistance.

Pour l'annuler, il peut être nécessaire de faire peser sur le patron une contre-menace, bien réelle elle aussi, et d'apporter les preuves qu'on est capable de la mettre à exécution. Par exemple, il faut dans certaines situations que le patron sache que toute mesure de licenciement massif entraînerait une destruction non moins massive des stocks.

La mise en œuvre de tels moyens de dissuasion nécessite évidemment la construction d'une organisation clandestine, qui prépare, agisse et se replie dans l'ombre : telle est la première fonction de la guérilla de l'ombre qui doit être prise en charge par l'O.P.S. Dans ce cas, le rapport de la guérilla de l'ombre à la guérilla « ouverte » est donc le suivant : **elle doit permettre un élargissement de la guérilla « ouverte »** en aidant à faire sauter un verrou ; elle ne se substitue évidemment pas au mouvement de masse, elle se contente d'amoindrir les capacités de résistance de l'ennemi.

2. Une deuxième fonction assez similaire est de **lutter contre ce moyen d'intimidation du pouvoir sur les masses qu'est le développement du terrorisme policier.** Les deux phénomènes importants sont les suivants : premièrement, la police s'en prend de plus en plus systématiquement aux camarades ouvriers, ce qui témoigne des progrès de la résistance dans les usines, mais aussi d'une volonté de l'ennemi d'intimider les masses ; deuxièmement, l'usage de la torture commence à se répandre chez les flics ; on l'avait déjà vu à Paris et à Grenoble après les manifestations de Mai et Juin 70, on l'a vu récemment à Lyon et en Lorraine ; dans ces conditions, il sera nécessaire de faire savoir aux flics que ce que les camarades de l'ETA appellent « la morale du peuple basque », et qui consiste à faire payer leurs crimes aux tortionnaires, sera aussi la morale du peuple français ; l'O.P.S. devra donc se charger de faire payer ses exactions à chaque policier tortionnaire.

Dans ce cas, le rapport de la guérilla de l'ombre à la guérilla « ouverte » est donc d'aider à briser les tentatives d'intimidation de l'ennemi à l'encontre du mouvement de masse. Là encore, l'O.P.S. ne se substitue pas au mouvement de masse ; en particulier, son action doit s'unir au mouvement démocratique de lutte contre le terrorisme policier. Contre les nostalgiques du nazisme, il faudra unir un vaste mouvement démocratique et la vertu des quelques exemples bien choisis.

3. Une troisième fonction de l'O.P.S. est de **produire des effets de masse à retardement,** en menant des opérations du type de l'arrestation de de Grailly. On ne reviendra pas sur ce type de rapport entre la guérilla de l'ombre et la guérilla « ouverte », qui a déjà été analysé dans le chapitre précédent.

4. Lors des campagnes politiques nationales, il peut être nécessaire de cristalliser la signification de cette campagne en attaquant, à un moment donné,

la cible la plus nette. La combinaison d'un travail politique intense, basé sur l'application de la ligne de masse, et d'un temps fort marqué par une opération de partisans très dure contre une cible très évidente peut être nécessaire pour donner à une campagne politique toute son ampleur, en particulier pour la faire déboucher sur un combat de rue. Un bon exemple de combinaison du travail politique de masse, de la guérilla « ouverte » et de forme clandestine de guérilla reste la campagne transports, où l'expropriation des tickets de métro ne se substituait pas aux formes politico-militaires « ouvertes », mais leur servait en quelque sorte de **relais.** C'est ce type d'intervention que l'O.P.S. doit avoir dans une campagne politique nationale.

5. Ainsi, on peut fixer avec précision **le domaine politico-militaire qui doit être pris en charge par l'O.P.S. : c'est celui d'opérations avancées de petits groupes de partisans, qui ne se substituent en aucune manière aux opérations de masse, mais permettent au contraire la libération de formes de lutte de masse nouvelles.**

Définir strictement ce domaine, c'est dégager **deux thèses essentielles :**

— **L'O.P.S. n'est pas le « bras militaire » d'organisations pacifiques.** Elle prend en charge les tâches de la guérilla dans un domaine que ne peuvent couvrir, en pays occupé, les organisations « ouvertes ».

— **Il n'y a pas de développement militaire autonome.** C'est-à-dire que l'O.P.S. n'est pas conçue pour obéir à la logique d'une escalade militaire automatique. Les problèmes politico-militaires qu'elle doit résoudre sont ceux que pose le développement du travail politique de masse. En d'autres termes, elle résout avec ses moyens, qui sont spécifiques, des problèmes qui sont posés **en dehors d'elle,** par les organisations « ouvertes » et leur double rapport aux masses et à l'ennemi. C'est donc la logique du travail politique « ouvert », soyons plus précis, la logique de l'**élargissement de la résistance,** et de ses conséquences du point de vue de l'ennemi, qui est le moteur du développement de l'O.P.S.

6. Ceci implique que le problème essentiel à résoudre va être celui des rapports politique et organisationnel entre l'O.P.S., qui ne peut apparaître au grand jour, et les organisations « ouvertes ». Les membres de l'O.P.S. ne pourront évidemment se montrer aux premières lignes du travail de masse, aux postes les plus exposés. Cependant, il faut à tout prix éviter la coupure avec les organisations « ouvertes » et les masses, qui entraînerait des risques certains de mercenarisation, de développement autonome, incontrôlé, purement militaire.

7. La première solution consistera à ce que les membres de l'O.P.S. travaillent dans le mouvement démocratique — et plus précisément dans les secteurs prolétariens du mouvement démocratique. Cependant, il faudra être intransigeant sur les limites de ce travail : les risques que prendra un membre de l'O.P.S., c'est dans le travail clandestin qu'il les prendra.

Des membres de l'O.P.S. travailleront dans les bases d'appui ; ils ne devront simplement pas s'exposer aux premiers rangs. Ils auront principalement pour tâche d'établir un rapport, particulier à l'O.P.S., avec les masses fondamentales — et plus précisément avec les vétérans ouvriers. Ce rapport pourra, selon les cas, prendre trois formes, qui sont, en allant de la forme supérieure à la forme inférieure :

— Création de **réseaux de vétérans,** ouvriers essentiellement, qui apporteront à l'O.P.S., outre un renfort politique, une aide logistique, pouvant aller jusqu'au la participation active à des opérations. Ceci est vrai en particulier, évidemment, pour des anciens résistants.

— Rapports réguliers avec des vétérans ouvriers, qui seront en quelque sorte des **instructeurs politiques.**

— Enfin, le simple fait d'avoir des **contacts** fréquents avec des **ouvriers de la masse** sera un **garde-fou** indispensable : chaque opération de l'O.P.S., étant donné son niveau militaire élevé, devra correspondre profondément aux désirs des masses les plus larges, pas seulement à ceux de l'extrême-gauche ; sans quoi on se brûlerait en jouant avec le feu. Par conséquent, c'est une chose excellente que chaque plan décidé par discussion avec les responsables des organisations « ouvertes » soit **vérifié empiriquement,** prosaïquement, dans ses grandes lignes politiques, par l'O.P.S. elle-même au niveau des ouvriers de la masse. Nous savons que le **subjectivisme** peut s'infiltrer profondément même dans les organisations « ouvertes » quand elles ne sont pas suffisamment développées ; il trouverait évidemment une caisse de résonance extraordinaire dans l'O.P.S. si on n'établissait pas des « garde-fous » de ce genre ; garde-fous au sens strict : « attention à la folie ».

Il faut, dit le camarade Charu Mazumdar, respecter au maximum cette règle : **« aller voir le paysan pauvre, qui dans l'optique de l'action de partisan, a le plus grand potentiel révolutionnaire,** et lui chuchoter : tu ne crois pas que ce serait une bonne chose si on en finissait une fois pour toutes avec ce salaud ? »... « Nous devons enquêter auprès des masses pour connaître leur opinion ; en d'autres termes, nous ne devons pas fixer notre cible subjectivement, mais au contraire **être guidés par la volonté de la majorité du peuple.** » Il faut pour l'O.P.S. des possibilités d'enquête directe, d'enquête garde-fous de ce genre.

8. La **composition** de l'O.P.S. sera elle-même un garde-fou : y rentreront principalement des militants ayant une longue expérience du travail politique « ouvert », et capables en principe de synthétiser des éléments d'enquête divers en faisant preuve de réalisme. En dehors des militants issus des organisations « ouvertes », l'O.P.S. pourra et devra comprendre des camarades vétérans, issus des grandes luttes populaires, principalement de la Résistance. Ce point a été évoqué plus haut. Nous n'allons pas commencer à délirer, et à dire que nous allons voir affluer en masse les anciens résistants. Cela dit, il est certain qu'un nombre limité de ceux-ci, qui ne reconnaissent pas suffisamment leur expérience dans les formes de lutte des organisations « ouvertes », se rallieront plus facilement à l'O.P.S. Cet apport devra donner à la prolétarisation de l'O.P.S. un rythme particulier. Il faudra dès le début s'en soucier, parce que ce ne sont pas des perspectives vagues, mais souvent des possibilités en attente depuis au moins un an ou deux.

V. — CONCLUSION

Face à la pression beaucoup plus forte de l'ennemi, au dispositif d'encerclement politique et militaire qu'il met en place autour de tous les foyers de contestation de son pouvoir, la pire des attitudes serait de céder au réflexe petit-bourgeois qui consiste à se lancer la tête contre le mur ; chercher à « briser l'encerclement » en rassemblant nos forces pour remporter une victoire militaire sur l'ennemi, on sait que ce rêve aberrant peut avoir de la force dans nos rangs, et il conduirait immanquablement et très rapidement à un écrasement total.

Heureusement, nous ne sommes pas une petite troupe assiégée dans une citadelle par une armée innombrable, et nous avons d'autres issues que la sortie suicidaire.

Du point de vue politico-militaire, il nous faut réajuster complètement le système de nos tâches, et sur cette base remplacer partout l'impulsion, la précipitation, par une connaissance et une application rigoureuse des lois du développement de la guérilla populaire. C'est le programme de ce réajustement que trace ce rapport.

Mais il ne faut évidemment pas voir dans ce réajustement lui-même du système politico-militaire la réponse aux attaques de l'ennemi. Ce n'est pas essentiellement en se donnant une meilleure organisation politico-militaire, une meilleure répartition des tâches, qu'on brisera l'occupation, qu'on desserrera l'étau. Ces mesures de réajustement, pour importantes qu'elles soient, sont subordonnées à la réforme politique dans le sens « majorité, unité, démocratie », et au mouvement idéologique qui la permet.

La mesure stratégique, c'est d'**élargir la Résistance,** d'unir le centre à nous, d'avoir la majorité avec nous. C'est **dans cette mesure** qu'on a besoin d'une refonte de notre système politico-militaire : pour permettre à cette unité de s'établir, à cette majorité de s'exprimer ; et c'est **alors** que nous prendrons un pas d'avance sur l'ennemi.

Il faut donc bien se convaincre qu'**il n'y a de « solution militaire » à aucun de nos problèmes politiques.**

Table des matières

ANNEXES